历史穿越报

斩蛇起义
刘邦
平民中的英雄皇帝

冰心儿童图书奖获得者 **彭凡** 著

化学工业出版社
·北京·

前言

　　如果你想了解一个人,就和他一起吃饭、聊天、逛街,关注他的朋友、他的敌人,以及他周围的一切。可是……

　　如果他是一位古代帝王,该怎么办?

　　很简单,坐上我们的时光机,回到他生活的年代,和他一起吃饭、聊天、逛街,关注他的朋友、他的敌人,以及他周围的一切。

　　当你回到古代,你会发现,原来古人也和我们一样,也要工作、学习和娱乐,也爱美食、八卦和明星。

　　你会发现,你想了解的人,也正是大家热烈讨论的那个人。

　　你会发现,当时的好多新闻、八卦都与他有关。

　　你会发现,就连广告中也处处都有他的身影呢。

　　武则天刚刚发布了一则公告,要在全国进行大改,年号要改,旗帜要改,衙门名称、官职名称等都要改,连都城的名字也要改,话说她这是要登基当女皇的节奏吗?

　　朱元璋正在招兵买马,小编穿穿刚好会几招三脚猫功夫,要不要报名去试试?

　　一个通讯员告诉我们,唐太宗李世民又和魏征在大殿上争得面红耳赤了,我们要不要偷偷把这个镜头拍下来呢?

……

现在，你是不是迫不及待想回到古代，在第一时间内了解这些新闻和八卦呢？别急，我们已经派人穿越了，将你想知道的一一记录下来，刊登在《历史穿越报》上。

这套《历史穿越报》一共十本，分别详细记录了汉武帝、唐太宗、武则天等十位帝王的成长历程。每本《历史穿越报》有十二期，一月一期。为了方便大家阅读，我们将它做成合订本。每期报纸中都有五花八门的新闻、八卦、访谈、广告、漫画，让你目不暇接。

我们的记者队伍非常庞大，分布在全国各地。有一部分人喜欢专门记录重大事件，我们将这些稿件放在"叱咤风云"栏目。

我们还有一批勤奋的通讯员，每天穿梭在各大茶馆。他们可不是去喝茶哦，而是为了搜集百姓的八卦、言论，给"百姓茶馆"栏目准备素材。

我们还设立了一个"鸿雁传书"栏目，古人有什么困扰、烦恼，统统都可以通过来信告诉我们，小编穿穿会一一耐心回复哦！

我们还有一位大嘴记者，名叫越越，专门负责采访当时最杰出或者最有争议的人物。他是一个胆大包天的家伙，就算是皇帝也要刁难一下，古人们可要做好准备了！

当然，我们还有"广告铺"栏目，欢迎大家刊登广告，价格从优哦！

最后，希望大家在看完这份报纸后，不仅能读懂帝王们的一生，还能从中获得知识、经验与勇气，让我们的穿越功夫没有白费。

目录

第1期　刘家老三

【烽火快报】刘家老三出生了⋯⋯⋯⋯⋯⋯⋯⋯⋯⋯⋯⋯⋯⋯⋯ 11
【叱咤风云】刘老三的酒肉朋友——小混混的青春偶像——"捡"来
　　　　　一个美娘子⋯⋯⋯⋯⋯⋯⋯⋯⋯⋯⋯⋯⋯⋯⋯⋯⋯ 12
【鸿雁传书】小混混成了小官员⋯⋯⋯⋯⋯⋯⋯⋯⋯⋯⋯⋯⋯⋯ 16
【百姓茶馆】始皇帝又出巡了⋯⋯⋯⋯⋯⋯⋯⋯⋯⋯⋯⋯⋯⋯⋯ 17
【文化广场】珍贵的帽子⋯⋯⋯⋯⋯⋯⋯⋯⋯⋯⋯⋯⋯⋯⋯⋯⋯ 20
【名人有约】特约嘉宾：萧何⋯⋯⋯⋯⋯⋯⋯⋯⋯⋯⋯⋯⋯⋯⋯ 21
【广告铺】卖狗肉喽——安民通知——任命刘邦为泗水亭长——开
　　　　　张大吉，欢迎选购⋯⋯⋯⋯⋯⋯⋯⋯⋯⋯⋯⋯⋯⋯⋯ 23

第2期　沛公反秦

【烽火快报】三个惊人的消息⋯⋯⋯⋯⋯⋯⋯⋯⋯⋯⋯⋯⋯⋯⋯ 25
【绝密档案】公子扶苏为何自杀⋯⋯⋯⋯⋯⋯⋯⋯⋯⋯⋯⋯⋯⋯ 26
【叱咤风云】刘老三斩蛇避难——农民向朝廷叫板了——"山大
　　　　　王"起兵了⋯⋯⋯⋯⋯⋯⋯⋯⋯⋯⋯⋯⋯⋯⋯⋯⋯ 28
【鸿雁传书】丈夫逃亡，妻子入狱⋯⋯⋯⋯⋯⋯⋯⋯⋯⋯⋯⋯⋯ 30
【百姓茶馆】刘邦有天子之气？⋯⋯⋯⋯⋯⋯⋯⋯⋯⋯⋯⋯⋯⋯ 31
【名人有约】特约嘉宾：陈胜⋯⋯⋯⋯⋯⋯⋯⋯⋯⋯⋯⋯⋯⋯⋯ 37
【广告铺】通缉令——征民告示——服役通告⋯⋯⋯⋯⋯⋯⋯⋯ 39

第3期　兵分两路

【烽火快报】后院起火，急煞沛公……………………………… 41
【绝密档案】项梁叔侄起义的前因后果…………………………… 42
【叱咤风云】谁来做楚王？——项梁的结局——谁来救赵，谁去灭秦——破釜沉舟，项羽震住天下英雄……………… 44
【鸿雁传书】羊倌儿如何成为真正的王…………………………… 49
【百姓茶馆】北上救赵，究竟派谁？……………………………… 50
【名人有约】特约嘉宾：张良……………………………………… 55
【广告铺】悼念武信君项梁——有事找赵高——决一死战……… 57
【智者为王】第1关………………………………………………… 58

第4期　直捣关中

【烽火快报】"山大王"彭越归附刘邦…………………………… 60
【叱咤风云】"狂生"想出的好办法——再遇张良，将南阳收入囊中——过了峣关，咸阳就是囊中之物……………… 61
【鸿雁传书】共分关中，还是强取武关？………………………… 66
【百姓茶馆】欢迎沛公来称王……………………………………… 67
【名人有约】特约嘉宾：赵高……………………………………… 69
【广告铺】劝降书——反秦宣言——祭祀泾河水神——悬赏通告… 71

第5期　鸿门脱险

【烽火快报】沛公入关，秦朝灭亡……………………………… 73
【绝密档案】成也赵高，败也赵高……………………………… 74
【叱咤风云】糊涂主子与清醒部下——霸王入关，项伯告密——好
　　　　　　一场惊心动魄的鸿门宴…………………………… 76
【鸿雁传书】刘季老儿到底有没有二心………………………… 81
【百姓茶馆】鸿门脱险以后……………………………………… 85
【文化广场】鸿门宴为何这么坐？……………………………… 86
【名人有约】特约嘉宾：刘邦…………………………………… 87
【广告铺】诚聘宣传员——关于对赵高的处罚通告——废帝号，
　　　　　称秦王………………………………………………… 89

第6期　退守汉中

【烽火快报】一把火，天堂变地狱……………………………… 91
【叱咤风云】楚怀王成了"义帝"——项羽分封，沛公被逐——项羽
　　　　　　的麻烦事儿…………………………………………… 92
【鸿雁传书】为什么受伤的总是我……………………………… 96
【百姓茶馆】我们都去追随汉王吧……………………………… 97
【名人有约】特约嘉宾：项羽…………………………………… 100
【广告铺】"义帝"迁都——"西楚霸王"诞生了——招贤令… 102
【智者为王】第2关……………………………………………… 103

第7期　汉王拜将

【烽火快报】萧何月下追韩信	105
【绝密档案】落魄男儿当逃兵	106
【叱咤风云】粮草官成了大将军——大将军果然有本事——略施小计，项羽上钩	108
【鸿雁传书】明修栈道，暗度陈仓	113
【百姓茶馆】陵母伏剑	115
【名人有约】特约嘉宾：刘邦	116
【广告铺】陈平升官——新韩王听令——声讨霸王	118

第8期　楚汉相争

【烽火快报】一起杀向霸王的老巢！	120
【叱咤风云】项羽半夜偷袭，刘邦死里逃生——陈平巧计除范增——李代桃僵，再次捡回一条命——两个"邻居"——那一箭的威力——垓下悲歌，霸王别姬——永别了，江东的父老乡亲们！	122
【鸿雁传书】大丈夫能屈能伸，唉！	128
【百姓茶馆】项羽要烹"父亲"？	131
【名人有约】特约嘉宾：项羽	138
【广告铺】项贼的十宗罪——送战死的士兵回家——招兵启事	140

目录

第9期　第一个平民王朝

【烽火快报】第一个平民王朝诞生了！……………………………… 142
【叱咤风云】小小亭长如何成了真命天子——幸运的小兵 ……… 144
【百姓茶馆】田横五百壮士，了不起…………………………………… 145
【鸿雁传书】要给自己不喜欢的人封赏吗？…………………………… 148
【名人有约】特约嘉宾：刘邦 ………………………………………… 149
【广告铺】欢迎大家来提意见——大伙回来吧——大赦天下 …… 151
【智者为王】第3关 …………………………………………………… 152

第10期　可恶的匈奴

【烽火快报】韩王信当叛徒了………………………………………… 154
【叱咤风云】中埋伏，高祖被围白登山……………………………… 155
【鸿雁传书】舍不得女儿怎么办？…………………………………… 157
【百姓茶馆】女婿要刺杀老丈人？…………………………………… 158
【名人有约】特约嘉宾：陈平………………………………………… 159
【广告铺】十万人大搬家——关于白登山之围的处理意见——封我儿
　　　　　如意为赵王 ……………………………………………… 161

第11期　诸王之乱

【烽火快报】韩信要谋反？…………………………………………… 163

【叱咤风云】兔死狗烹，鸟尽弓藏——韩信被一个女人给杀了！——梁王彭越也谋反了……………… 164

【鸿雁传书】皇帝轮流坐，今年到我家？……………… 169

【百姓茶馆】皇帝"发小"的悲哀……………… 170

【文化广场】一首《大风歌》，双泪落人前……………… 171

【名人有约】特约嘉宾：韩信……………… 172

【广告铺】关于若干楚将的处置——十八功侯出炉了——商人的禁忌……………… 174

第12期　背后的女人

【烽火快报】太子的危机……………… 176

【叱咤风云】皇帝的妥协——皇帝驾崩了——戚姬母子的悲惨命运…… 177

【鸿雁传书】戚夫人的烦恼……………… 178

【百姓茶馆】这江山还姓刘吗？……………… 182

【名人有约】特约嘉宾：吕雉……………… 185

【广告铺】求贤令——免征沛县的赋税——关于修长城的通知… 187

【智者为王】第4关……………… 188

智者为王答案……………… 189
刘邦生平大事年表……………… 191

第 1 期
公元前256年-公元前211年

刘家老三

穿越报
CHUANYUE BAO

【烽火快报】
- 刘家老三出生了

【叱咤风云】
- 刘老三的酒肉朋友
- 小混混的青春偶像
- "捡"来一个美娘子

【文化广场】
- 珍贵的帽子

【名人有约】
- 特约嘉宾：萧何

【广告铺】
- 卖狗肉喽
- 安民通知
- 任命刘邦为泗水亭长
- 开张大吉，欢迎选购

穿越必读 CHUANYUE BIDU

他灭了秦朝，打败了楚霸王项羽，成为中国历史上第一位"布衣皇帝"。这个登上"九五之尊"的人，曾经却是一个被人称为"无赖"的穷小子。

FENGHUO KUAIBAO 烽火快报

刘家老三出生了
——来自沛县的消息

公元前256年十二月二十八日，此时还是战国时期，楚国沛县丰邑中阳里（今江苏省徐州市丰县）一个姓刘的乡下人家，生下了一个男娃，取名叫刘季（后改名为刘邦）。

"伯、仲、叔、季"是现今兄弟排行的通称，也就是老大、老二、老三、最末的意思。刘季的大哥叫刘伯，二哥叫刘仲，排行老三的是个姐姐。刘季是三兄弟里最小的，所以又叫刘老三。总之，这个名字很平常，平常得就像张三、李四、王二麻子一样。

巧的是，这天，同村里一户姓卢的人家也添了一个叫卢绾（wǎn）的男娃。卢家和刘家交情一向不错，现在又同一天添丁，更是欢喜，于是又是宰羊，又是备酒。村里人也认为这是双喜临村，纷纷前来祝贺，一时间热闹非凡。

这可是乡下难得的场面啊！要是你刚好路过，说不定也能讨杯酒喝呢！

刘老三的酒肉朋友

沛县地处平原地区，物产丰富。刘太公家也算小康之家，既不用给人做事，也不用请人做事。虽然如此，但身为农民，也没有什么地位。在这种情况下，要想有点知名度，必须得有点儿特色。

刘邦就是靠他的特色，吸引了大家的注意。他最大的特点就是长得帅，而且长得与众不同！

除了鼻子高挺、五官端正、身材挺拔这些"帅哥"基本必备条件外，刘邦的脖子修长，鬓角和胡须还很漂亮。最让人惊奇的是，他的左大腿上居然长了七十二颗黑痣！这是天生的"异相"！

于是，一传十，十传百，方圆几十里的人都知道刘家出了这么一位"帅哥"。

可惜的是，这位"帅哥"并不讨他爹刘太公的喜欢。

刘太公是个老实巴交的庄稼人，大儿子刘伯死得早，二儿子刘仲做事勤快，为人又精

明，小日子过得有模有样。所以，他希望刘邦也像二哥一样，种种田，读读书，安安分分地过日子。

可惜，事不如人愿，这位"帅哥"却偏偏跟他爹对着干，成天不务正业，混吃混喝，村里的小酒馆成了他的根据地，他还长期赊账——不过，只要他一去，小店生意便十分兴隆，再加上他为人大方，只要有钱，就数倍奉还，老板娘也就不跟他计较了。

由于刘邦为人宽厚、讲义气，他身边聚集了一大帮朋友。人一多，便喜欢往热闹的地方凑，沛县县城就成了他们经常出没的地方。

一来二去，除了与他从小一起长大、一同读书的卢绾，县里的那些小官吏，如狱掾（yuàn，管理监狱的小吏）曹参、在马房养马驾车的夏侯婴、主吏萧何，都很欣赏他身上的那种豪气，与他交上了朋友。

还有个叫樊哙（后成了刘邦的"连襟"）的人，长得虎背熊腰、人高马大，他在县城卖狗肉。刘邦爱吃他做的狗肉，但由于没钱常常白吃，樊哙不好意思和他计较，每次做生意都躲着他，可是他走到哪儿，刘邦就跟到哪儿。

当然刘邦对他也很热情，给他拉来不少"狗肉生意"，还从来不向他要"中介费"。最后，樊哙成了他最好的朋友。

嘻哈园 XIHA YUAN

小混混的青春偶像

如果有人认为刘邦没追求、没出息，那就错了。在如今这样的乱世中，像他这样性情豪爽、义薄云天，走到哪儿都有朋友的人才是英雄。

他的一举一动、一言一笑，都是在向他的"偶像"致敬。这个"偶像"就是当今人气巨高的战国四公子之一——信陵君魏无忌！

魏无忌是魏国昭王最小的儿子，虽然出身王室，但为人仁爱宽厚、礼贤下士，不论贫贱富贵，他都敬为座上宾，因此不少能人志士争先恐后地去投奔他。最高峰时，他的门下曾有三千食客。

在食客的帮助下，他曾多次力挽狂澜，击退秦军，威震天下。也正因为此，他一直受到异母哥哥魏安釐（lí）王的猜忌，最后沉迷酒色，郁郁而终，让无数"粉丝"不胜唏嘘。

十六岁的刘邦就是无数"粉丝"中的一个，没能投到信陵君的门下，是他终生的遗憾。

幸运的是，信陵君有个叫张耳的门客，在信陵君死后，继承信陵遗风，在外黄（今河南省杞县东）广结豪杰，名震天下。

刘邦听说后，心向往之，从楚国的沛县徒步走到了几百里外魏国的外黄。在那里，他如愿以偿地结识了张耳（后来结成儿女亲家），认识了许多英雄豪杰，开阔了眼界。

待了一段时间之后，公元前221年，秦国统一天下，刘邦才回到家乡。这一年，他三十一岁。

鸿雁传书 HONGYAN CHUAN SHU

小混混成了小官员

穿穿老师：

您好！我从小有一个梦想，就是要像"信陵君"一样交尽天下英雄豪杰，扶危助贫。但现在我的梦想已经破碎了，始皇帝统一了天下，看我们这些游侠不顺眼，要将我们赶尽杀绝。张耳被朝廷通缉，他不得不逃离魏国，隐姓埋名。

庆幸的是，我没有张耳他们有名，还上不了始皇帝的黑名单，不用远走高飞，躲躲藏藏。

但是现在我有点困惑，我一不想务农，二不想经商，三不想当工匠，可我也当不了大侠，那么接下来，我该怎么办呢？

刘老三

刘老三：

您好！像您这样慷慨大方、好打抱不平的人，为何不考虑做官呢？

在我们秦朝，要想当官，基本上是靠推举。听说您在当地老百姓中的口碑非常好。"金杯银杯不如老百姓的口碑"，有着这么深厚的群众基础，相信如果您想做官，乡亲们一定都会支持您、推举您的。

另外，您不是认识许多官场上的朋友吗？比如萧何萧大人，他不就经常帮助您吗？虽然现在已经是秦朝的天下了，但只不过是换了主人，萧大人不是还继续当他的官吗？要是有他的推举，您当个小官还是不成问题的啦！

《穿越报》编辑

【不久后，刘邦被推举为泗水亭长（相当于村长），成了秦朝的一名基层干部。他终于有收入了。】

BAIXING CHAGUAN 百姓茶馆

始皇帝又出巡了

听说始皇帝又准备出巡了，还到处刻石纪念。那场面，可是相当的威风啊！

茶馆王掌柜

泗水亭长刘老三

这次到咸阳服役没有白来啊，看到了皇帝出巡，数十万人为一人造势，大丈夫就应该是这个样子！

他光图自己光鲜、流芳百世，不顾人们死活，又是修长城，又是修陵墓，又是出巡，哪一样不是劳民伤财的事，花费了多少人力物力，老百姓都苦不堪言啊！

李车夫

某大臣家仆

你别胡说了，胡人年年犯我朝边境，皇帝下令修筑万里长城，是为了保护边境百姓的安全，维护国家的统一。皇帝统一了六国，高瞻远瞩，吾皇万岁万万岁。

国仇家恨，不共戴天！我一定会取而代之！

项羽

"捡"来一个美娘子

最近,沛县来了一个大人物,他姓吕,人称吕公,是有名的相士。据说是为了躲避仇家,举家来到此地。因为与沛县县令是老朋友,县令还专门为他举办了一场接风宴。

很多人听说了,都纷纷前来致贺。一时间,县衙内宾客云集,人头攒动。来的人太多,堂上坐不下,这可怎么办呢?

在县令的授意下,负责管理贺礼的主吏(相当于今县组织部长)萧何就向客人们宣布:"凡是贺礼钱不满一千钱的人,一律堂下就坐。"

刘邦也赶来凑热闹了。他的官职不高,又没什么钱,可是他大摇大摆地走了进去,大声说:"我出一万钱!"

吕公听说后,大为吃惊,立刻亲自出来迎接,见刘邦气宇

叱咤风云

轩昂，与众不同，就非常喜欢他。

萧何深知刘邦囊中羞涩，而且为官清廉，怎么会有这么多钱呢，于是赶紧替他解围，向吕公解释说："刘季向来喜欢说大话，吕公您不要责怪他。"

谁知，吕公不但没有怪罪，还把刘邦请到上座，热情招待他，十分客气。刘邦也不推辞，大大方方地坐到上席。

一番推杯换盏之后，宾客们纷纷离去。刘邦酒足饭饱后正要回去，吕公却给他使了个眼色，让他留下。

宾客都离开后，吕公对刘邦说："我喜欢给人看相，看过很多人，却从来没看到过你这种面相。我有一个女儿，我希望把她嫁给你，帮你扫地做家务。"

吕公的女儿吕雉比刘邦小了十五岁，一直没有成家的刘邦满口答应了。

等刘邦离开后，吕夫人对吕公大为恼火："你平时总说女儿是富贵相，县令多次提亲，你都不答应，现在竟把女儿许配给这个穷小子，你是越老越糊涂了吧！"

吕公摆了摆手，说："妇道人家懂什么！这事就这样定了。"

不久后，吕公亲自主婚，把女儿吕雉嫁给了刘邦。从此，千金小姐变成了田里农妇，一心一意为刘邦操持家务。他们还生了一对儿女（即后来的孝惠帝和鲁元公主）。

文化广场 WENHUA GUANGCHANG

珍贵的帽子

从一个小混混，做到了亭长。官职虽低，但也算是领上朝廷俸禄了。刘邦十分珍惜这个职位，为此特地设计并订做了一顶竹皮冠。帽子做好之后，他便天天在头上戴着（后人把它叫做"刘氏冠"）。

一顶竹皮做的帽子不值钱又没什么实际用处，刘邦为什么这么重视呢？难道他以前不戴帽子吗？

原来，刘邦不是不戴帽子，而是不能戴。自商周以来，朝廷对穿衣戴帽就有严格的规定，不同的身份，戴不同的帽子，穿不同的衣服。

天子戴的帽子叫"通天冠"；诸侯及卿大夫戴的帽子，叫冕（miǎn）；古代男子年满二十岁时，举行成年礼所戴的帽子，叫弁（biàn），等等。

衣服的种类就更多了，祭祀有吉服，朝拜有朝服，丧葬有节服。根据地位的高低，衣服的颜色和图案也各不相同。之前的周王朝还专门设有"司服"一职，来管理王室的服饰。就连人们身上佩戴的刀啊、玉啊、印章啊、绶带啊也都是身份等级的象征。

而普通的老百姓只能穿土布衣裳，是不能戴帽子的。大家为了方便和美观，一般就用布包头或者把头发束起来。

总之，"冠"是"礼"的一种象征，是区分一个人等级的标志。现在大家知道，刘邦为什么这么重视这顶帽子了吧！

名人有约

MINGREN YOU YUE

 越越 大嘴记者

 萧何 特约嘉宾

嘉宾简介： 现任沛县功曹，勤奋好学，熟悉历代法令。他生性勤俭节约，从不奢侈浪费。他性格随和，善于识人，人缘极好，与刘邦感情深厚。

越越：萧大人，您好。请问，经历了从楚国官员到秦朝官员的转变，您有什么想法？

萧何：不过是换了个主人而已。以前的主人是楚王，现在的主人是始皇帝。

越越：嗯。是金子，放在哪里都一样。您这样的人，在哪都是先进官员。

萧何：记者见笑了，不敢当。

越越：别谦虚，萧大人。谁不知道您的才干在沛县是数一数二的，就连监郡御史（编者注：其相当于今地方组织部长）也十分赏识您，想把您推荐到朝中去呢！

萧何：怕了你们这帮记者了，消息这么灵通。不过，你知道得还是有点晚了，我已经拒绝了。

越越：（大惊）不会吧，进了朝堂，那就是鲤鱼跳龙门啊！这样的机会，您就像丢垃圾一样丢了？

萧何：我一个乡巴佬，何尝不想光宗耀祖呢！但这也是我考虑再三，才作出的决定啊！

越越：萧大人不被眼前利益牵着鼻子走，实在让人佩服。那您有何顾虑呢？

萧何：这秦朝刚建立不久就横征暴敛、腐败透顶，百姓们吃不饱，穿不暖，眼看就要造反了，始皇帝却还在做着江山能传千秋万代的美梦。您说，这样的天下能长久吗？万一哪天它垮了，我岂不成了牺牲品？

名人有约 MINGREN YOU YUE

越越：（竖起大拇指）萧大人果然深谋远虑，真是天生做丞相的料啊！

萧何：哪有哪有，小记者，说话要谨慎，切莫信口开河！

越越：多谢大人提醒。大人，我有一事不解，像您这样的人才，怎么跟刘老三那样的小混混成了好友呢？

萧何：这刘季看似是一个小混混，实际上是个英雄，不但敢说敢干，还敢跟官斗，我就欣赏这样的人！

越越：他就一个小小的亭长，与官斗，不是自不量力吗？

萧何：（叹了口气）是啊，他老是招惹那些当官的，当官的都把他看做眼中钉、肉中刺，只要他犯一点错，就抓着辫子不放呢！

越越：他都犯什么错了？

萧何：前段时间，他和夏侯婴玩闹，一不小心，伤着夏侯婴了。本来当事人都觉得这不算什么大事，可偏偏刘季是亭长，属于"公务人员"，伤了人是要判重罪的。有人想整他，就把他告到官府，给关了起来。

越越：以前不都是您为他"擦屁股"，帮他大事化小，小事化了的吗？这次您没出手相救？

萧何：没办法，我也不是什么事情都能搞定。最后我和曹参费了九牛二虎之力，才保住他"亭长"的头衔。老夏因为不承认这事被关了一年多，吃尽了苦头啊！

越越：这个老夏够义气的。

萧何：我以前不明白，刘季不过是个平民，老夏为何老是跟前跟后的。

越越：您问问老夏不就知道了。

萧何：我问了，他说刘季这人心地好、又仗义，做朋友没得挑。但他做事却常常不知轻重，嘴又快，不跟着他，实在让人不放心啊！

越越：刘老三还挺厉害！居然能让朋友这么为他着想！

萧何：不但是能为他着想，还能为他卖命呢！从这些事中，我就发现，这小子身上有股劲儿，今后可了不得啊！

越越：萧大人目光如炬，小生实在佩服。希望下次见到您时，是在您的丞相府！

萧何：丞相府？再次提醒你，说话要谨慎啊！我还有很多公务要忙，有空再聊吧！

广告铺

卖狗肉喽

　　卖狗肉啦，卖狗肉啦，樊哙家的狗肉最好吃，大家快来尝一尝。樊哙家的狗肉，选用最新鲜的狗肉，用祖传秘方熬煮，口味绝对一流。只此一家，别无分号，走过路过，千万不要错过！

樊哙狗肉铺

安民通知

　　天下刚刚统一，一切皆以安民为主。原各国官员仍担任各郡县要职，望大家尽忠职守，为大秦帝国的繁荣作贡献！

秦朝吏部

任命刘邦为泗水亭长

　　根据我朝法令，新任官员一律试用一年。经考察合格者，方能正式任用。经一年试用期后，今特将刘邦转正，任泗水亭长一职。

沛县吏部

开张大吉，欢迎选购

　　本店开张大吉，欢迎大家前来购买。货物种类繁多，价格如下。马：每匹四千钱；牛：每头一千二百钱；猪：每头八百钱；鱼：每石二百钱；桑竹：每亩二百钱；酒或酱：每瓮二百钱；谷物：一钟二百钱，一钟为六斛（hú）四斗；奴仆：一人二千钱。

李家杂货铺

第 2 期
公元前210年–公元前209年

沛公反秦

穿越报
CHUANYUE BAO

【烽火快报】
- 三个惊人的消息

【绝密档案】
- 公子扶苏为何自杀

【叱咤风云】
- 刘老三斩蛇避难
- 农民向朝廷叫板了
- "山大王"起兵了

【名人有约】
- 特约嘉宾：陈胜

【广告铺】
- 通缉令
- 征民告示
- 服役通告

 穿越必读 CHUANYUE BIDU

公元前210年，秦始皇驾崩，秦二世胡亥登上皇位。由于他昏庸无道，权臣赵高独揽大权，秦王朝被搅得天翻地覆。百姓纷纷揭竿而起，秦朝基业摇摇欲坠。此时的刘邦，又该何去何从呢？

FENGHUO KUAIBAO 烽火快报

三个惊人的消息
——来自咸阳的加密快报

公元前210年，咸阳传来一个惊人的消息，秦始皇驾崩了！

消息一出，全国各地乱成了一锅粥。秦朝统一六国，基业刚刚稳定，始皇一去，大国无主，这该怎么办呢？

老百姓还来不及多想，紧接着，又一道惊人的消息从宫中传了出来——始皇留下遗诏，要立次子胡亥（史称秦二世）为皇太子。这下，上至大臣，下至百姓，无一不觉得奇怪。

胡亥这人年少无知、贪图享乐，实在不是当皇帝的料。相反，长子扶苏为人宽厚仁义、刚毅果敢，若他即位，肯定会是一位贤能的君王。并且，依照以往的嫡长子继承制，也应该传位给扶苏啊，为何偏偏选了个不成器的次子呢？

就在大家对此不满、纷纷议论间，又一惊天消息传来——胡亥即位后，立即逼哥哥扶苏自杀了！

胡亥为何这么急着要逼死扶苏呢？莫非这三条消息中有见不得人的猫腻吗？请继续关注本报接下来的报道。

> 来自咸阳的加密快报！

绝密档案

公子扶苏为何自杀

扶苏公子为何会自杀？秦始皇是真的想让幼子继承皇位吗？要想揭开这个谜团，得先从秦始皇去世那天说起。

据知情人透露，公元前210年十月，秦始皇在第五次出巡的路上，一病不起。

随着病情的加重，秦始皇知道自己难逃一死。临死之前，他写了遗诏，让身边的宦官赵高派信使交给将军蒙恬和长子扶苏，让他们火速赶回咸阳，处理丧事。

谁知赵高表面答应了，心里却打起了自己的小算盘——皇上这么做，分明是想把皇位传给扶苏。扶苏与自己一向不合，他若当了皇上，肯定不会给自己好果子吃。而如果胡亥继位，那结果就不一样了。他是胡亥的老师，胡亥又昏庸无道，控制他容易多了。

胡亥早就梦想登上皇帝的宝座，跟赵高一拍即合。

当然，这种事情不是他们两个人说了就能算的，必须得到另一个人的支持。这个人是谁呢？他就是秦始皇生前最为信任的丞相李斯。

李斯跟秦始皇一路打天下、治天下，在朝中有很高的威望，可以说是一人之下，万人之上。只可惜，出身贫贱的他也有软肋。

赵高找到李斯，说："皇上驾崩的事，除了你我之外，谁都不知道。现在给公子扶苏的遗诏和印玺都在我这里。立谁为太子，全凭丞相一句话。如果扶苏当了皇帝，他与蒙恬一向交好，肯定不会让你继续做丞相。到时候蒙恬受宠，你还会有好结果吗？而公子胡亥仁慈宽厚，只要你帮忙，这个丞相之位就还是你的。"

起初，李斯坚决拒绝与他同流合污，可是经过赵高几番劝说，李斯的内心动摇了，最终答应与赵高合谋。

两人封锁了秦始皇驾崩的消息，并捏造了一份假遗诏，对外发布消息，说秦始皇要立公子胡亥为太子。同时，又给长子扶苏、大将军蒙恬各写了一封信，以"不忠不孝"的罪名赐两人自杀。

扶苏见到信，伤心欲绝，拔剑自刎。大将军蒙恬虽然看出这信是伪造的，却也被逼无奈，吞药自杀。就这样，胡亥登上了王位。

叱咤风云 CHIZHA FENGYUN

刘老三斩蛇避难

胡亥继位后，为了修建阿房宫和骊山陵墓，下令增加徭役赋税。由于服役的人总是命丧他乡，许多人常常一逃了之。

命令很快到了泗水。作为亭长，刘邦奉命押送一批犯人前去骊山修建陵墓。刘邦本来就不愿意做这差事，再加上他为人宽厚、管理松散，半路上很多犯人都逃走了。

眼看犯人越来越少，刘邦心想，还没到骊山，犯人都逃光了，自己也难逃一死，干脆就错到底吧！

走到丰泽西，夜色渐渐暗了下来。刘邦下令用所有的路费买来酒菜，并给这些犯人解开身上的刑具，请他们痛痛快快地喝了一场。酒足饭饱之后，刘邦半醉半醒地宣布："到了这个地步，你们走吧，我也得逃了。"

众人不敢相信自己的耳朵，有几个大胆的人便离开了。还有一些人见刘邦确实是来真的，佩服他的胆识和义气，当即决定："我们愿意跟随亭长逃亡！"

为了躲避官府的追捕，刘邦带着大家往芒砀（dàng）

CHIZHA FENGYUN 叱咤风云

山（今河南省永城市芒山镇）逃去。

一群人逃到沼泽地时，前面的人忽然回报说："前面有一条大蛇挡住了道路，我们还是往回走吧。"

刘邦酒还没醒，趁着酒劲儿大声说："大丈夫行天下，有什么好怕的。"说完，大步冲到前面，拔剑将蛇砍成了两段，大步走了过去。

据说，刘邦斩了蛇之后，有人在他斩蛇的地方看到一位老妇人在哭泣。那人觉得奇怪，便问："你为什么要哭呢？"

老妇人哭着说："我为我的孩子哭泣。我的孩子是白帝之子，化身成蛇，却被赤帝之子给杀死了，我是为这个而哭啊！"

那人不相信，正要说话，忽然，老妇人不见了。那人大吃一惊，这才相信老妇人说的话。原来，这条大蛇不是普通的蛇，那么按此推刘邦就是赤帝之子，难道他是应登上皇帝宝座的人？

这个传闻一传十、十传百，很快传得人尽皆知。大家对刘邦既钦佩又畏惧，跟随他的人也越来越多了。

不过，也有人对这个传闻产生了怀疑。他们经过调查，发现这个传闻最开始是从刘邦的妻子吕雉口中传出来的，会不会是吕雉为了帮助刘邦拉拢人心，故意散播的谣言呢？这个嘛，大家自个儿琢磨去吧！

鸿雁传书 HONGYAN CHUAN SHU

丈夫逃亡，妻子入狱

穿穿老师：

　　您好！不要问我是谁，我的丈夫是个通缉犯，他犯了法，不敢回家。官府怕受连带处罚，不敢抓他，就抓了我这个手无缚鸡之力的妇人来交差。幸好狱卒任敖和我丈夫关系很铁，特别关照我。前段时间，因为其他狱卒虐待我，任敖还把他们打了一顿，之后，就再也没人敢欺负我了。任敖是我的大恩人，他日我若能出人头地，必将报答他。

　　现在的问题是，我丈夫躲在深山里，我十分挂念他，我怎样才能出去呢？

一位姓吕的女子

姓吕的女子：

　　您好！听了您的遭遇，我深感痛心。虽然您没有提过一句您受了什么样的苦，但我们知道，现在的监狱不是人待的地方。

　　您放心，您的丈夫现在在深山里待着，因为身系几百人的性命，所以不敢轻易现身。不过，您丈夫的好朋友萧何大人，还有曹参大人一直在想办法救您出去。

　　有这么多好朋友帮助你们，你们一家很快会团圆的。

《穿越报》编辑 

【不久后，县令被萧何、曹参等人说服，把吕雉放了出去。而任敖后来被封为御史大夫，位列三公之一。】

百姓茶馆

刘邦有天子之气？

据说吕家娘子出狱之后，便到芒砀山找刘邦。这芒砀山方圆十几里，大小有十几座山头，这吕雉是怎么找到刘老三的啊，真是太神奇了！

 村民赵老二

别说你觉得奇怪，刘老三自己也觉得奇怪。问他娘子，他娘子说是因为他藏身地的上空中有祥云笼罩着，所以才能轻轻松松地找到他呢！

村民向老四

还有这等事？不过刘老三一直身带异相，莫非他身上真有所谓的"天子之气"？

 村民姜太婆

你们别瞎说啦，这肯定是吕雉瞎编的。这很可能是吕雉为刘老三拉拢人心，想出来的招儿呢！你还别说，这招儿挺管用，现在投靠刘老三的人越来越多，连我都想去了。

亭长赵十三

农民向朝廷叫板了

就在刘邦躲在芒砀山的时候,全国各地的老百姓对胡亥的暴戾统治已越来越不满了。秦王朝就像一个装满火药的木桶,随时可能爆炸。

公元前209年,一场大规模的农民起义在安徽大泽乡(今安徽省宿州市)爆发了!

事情的经过是这样的:朝廷征调了九百个民夫去守卫渔阳,可队伍经过大泽乡时,大雨阻断了道路,队伍无法前进。

这可是要命的事啊!因为秦朝的律法很严酷,被征调的人如果不能按时到达,不管什么理由都要被杀头。眼看着脑袋就要"搬家",

叱咤风云

大家都急得团团转，许多人都打算逃跑。

队伍里有个叫陈胜的人就跟同伴吴广说："到了也是死，被抓了也是死，起来造反也是死，左右都是死路一条，不如为国事而死。我们楚国的大将军项燕立过大功，楚国人都很怀念他，现在不知道他是死了还是逃亡了。如果我们借着他的名义起义，一定会有很多人响应的！"

于是，陈胜找来一条白布，用朱砂写上"陈胜王"几个字，然后悄悄塞进鱼肚子里。第二天，有人剖开鱼肚子，一下子就发现了那块白布，惊讶不已。

为了让大伙更加信服，陈胜让吴广趁着夜里无人，跑到驻扎营地附近的小树林里学狐狸叫，一边叫，一边喊："大楚兴，陈胜王。"意思就是说，楚国要复兴，应该让陈胜称王。

深夜静悄悄的，声音传得特别远，所有人都听到了这叫声。没过多久，这件事就传开了。大家认为陈胜称王是上天的旨意，许多人都愿意跟随他。

眼看时机成熟，陈胜带领这队人杀死押送他们的两个军官，大声说："王侯将相，宁有种乎？"意思是难道这些王侯将相，一生下来就是富贵的吗？

之后，这帮农夫拿着木棒，扛着铁锄等武器，一连占领了几座城池，声势像滚雪球一样越滚越大。

不久，陈胜就自立为王，建立了"张楚"政权，和秦朝公开叫起板来。

"山大王"起兵了

星星之火，可以燎原。很快，起义的烽火熊熊燃烧，楚、齐、赵、燕、魏、韩六个诸侯国又重新建立起来。秦王朝岌岌可危。

消息传到了沛县。县令惊恐不已，他害怕成为革命的对象，于是决定背叛朝廷，响应起义。

萧何、曹参却反对说："您本是朝廷官吏，若要起义，恐怕沛县的人是不会跟从您的。"

县令急忙问道："那怎么办呢？"

萧何说："不如把刘邦召回来，他现在流亡在外，聚集了几百号人，很有号召力，若由他们领导抗秦，大家必会响应。"

县令孤掌难鸣，只好让樊哙把刘邦找回来。

得知县令要召他们回去，刘邦大喜，立即整理行装，带领人马浩浩荡荡地奔向县城。谁知，刘邦刚带人到达城外，县令就反悔了，他担心刘邦不好控制，弄不好引狼入室，反被刘邦杀了。于是下令关闭城门，还准备杀了萧何和曹参。

叱咤风云
CHIZHA FENGYUN

萧何和曹参闻讯，连忙逃出城外与刘邦会合。是进还是退，一时之间，大家都拿不定主意。

危急关头，刘邦写了一封信，用箭射入城中，信的大意是：大家被秦朝的暴政迫害得太久了。现在各路诸侯都已起义，一旦他们攻破县城，恐怕会有屠城之灾。如果大家杀了县令，选我们自己的人做首领，响应起义，那么还能保全我们的家室。不然，一家老小全都被杀了，就太不值得了。

百姓们本来就对县令不满，看了这封信后，便立刻杀死了县令，打开城门，把刘邦的队伍迎了进来，还一致推举刘邦为首领。

此时，刘邦却拒绝了，他说："天下大乱，现在各诸侯纷纷起兵，如果首领选得不好，就会一败涂地。我不是贪生怕死，只是担心自己才能有限，不能保全父老乡亲。起义是大事，大家还是选个有才能的人吧！"

同样，萧何、曹参等人也都果断地拒绝了，要知道，万一起义失败，那可是诛九族的大罪啊！

数度谦让后，没有一个人愿意当首领，最后还是刘邦当了这支三千杂牌军的首领，人称沛公，正式向秦王朝宣战。

这一年，刘邦四十八岁。

【这一月，项梁与侄子项羽在吴县起兵。田儋（dān）在齐地起兵，自立为齐王。韩广自立为燕王。魏咎自立为魏王。】

嘻哈园 XIHA YUAN

名人有约

MINGREN YOU YUE

 越越 大嘴记者

陈胜 特约嘉宾

嘉宾简介：他不甘贫困，少有大志，有人说他痴心妄想；他敢于反抗，不畏强秦，有人说他顶天立地；他斩木为兵，揭竿而起，有人说他是农民起义的开创者。他，就是鼎鼎有名，让秦军闻风丧胆的张楚大王——陈胜！

越越： 您好。恭喜您成为大王，您可是农民称王的第一人啊！

陈胜： 农民怎么了，不能称王吗？难道王就是那些王孙贵族才能当的吗？

越越： 当然不是。但在这个等级森严的时代，您称王，有不少人反对吧？

陈胜： （叹了口气）没有人反对是不可能的。有人说，这次起义论功我应当称王。但也有人觉得我出身低，不愿跟从。

越越： 但您还是称王立国了，这是很了不起的！您的国号是"张楚"，请问这个有什么含义吗？

陈胜： 我是楚国阳城（今河南省方城县）人，"张楚"就是恢复楚国故土的意思。当然，我不只是想解救楚国百姓，我还想解救全天下的穷苦百姓！

越越： 佩服！您一直都有这么高远的志向吗？

陈胜： 过去我是个普普通通的农民，只想着有朝一日能大富大贵就好。我还跟我的伙伴说："苟富贵，勿相忘。"结果他们都笑我，说我痴心妄想！

越越： 那您生气了吗？

陈胜： 不生气！燕子和麻雀哪里知道鸿雁和天鹅的志向？

越越： （流汗）惭愧惭愧，我也只是一名小小的记者，理

名人有约 MINGREN YOU YUE

解不了大英雄的想法！不过，我怎么听说您称王之后，您的一个同乡来找您，您却把他给杀了，不是说要"共富贵"的吗？

陈胜：（面有怒色）哼！这个家伙竟然直呼我的小名，进进出出当自己家一样，还老说一些我以前的事，实在有损我大王的威严，不杀不能服众啊！

越越：（小声嘀咕）那以后谁还敢跟着您啊！

陈胜：（怒）你说什么！

越越：（赶紧拍马屁）我是说，您是头一个敢带大家反抗秦朝的人，比鸿雁和天鹅还要厉害啊！

陈胜：（转怒为喜）不敢当，不敢当！秦朝不给百姓留活路，百姓早就受够了。我不过恰好是第一个出头的人罢了。只要有梦想，任何人都有机会成为鸿雁和天鹅！

越越：那接下来能否谈谈您宏伟的军事计划呢？

陈胜：唉，本来我们一路向西，眼看就要攻入咸阳了，却又杀出个叫章邯（hán）的人！这人老奸巨猾，让胡亥赦免了大批犯人，对起义军进行反扑，让我们一下子损失了数万大军和数名将领！实在可恶！

越越：之前您的起义军声势震天，怎么一下子就到了如此地步？

陈胜：我也不知道。革命队伍不好带啊，已经有不少将领对我不服，自己称王，不再听我的命令了。

越越：这个肯定是其中的一个原因，不过队伍里是不是出了内鬼？

陈胜：（沉吟片刻）应该不会吧！

越越：大王还是谨慎点好！"日防夜防，家贼难防"。现在大王身边没有什么亲人朋友，如果身边出现了叛徒，那所有的努力都会成为泡影的！好了，这次的采访就到这里了，非常感谢您的到来！

陈胜：不客气。那我先走一步，我的车夫还在外面等我呢！

（陈胜称王六个月后，被跟随数月的车夫杀害。）

广告铺

通缉令

经查明，士卒杨老六接到服役的命令后，居然无视国家法令，逃避徭役达五个月之久，至今未归。特此通缉。抓到后一定严刑处置，决不轻饶。

该县县令严重渎职，负连带责任，判腰斩，秋后处决。

太尉府

征民告示

先帝在世时，曾下令修建阿房宫。如今阿房宫还没修完，先帝却驾崩了，真是遗憾之极。为了了却先帝的遗愿，朕决定继续修建阿房宫，现向全国征招民夫，各郡征召的详细人数已经下达到各府，请各级官员认真对待。

秦二世胡亥

服役通告

朝廷颁布服役新通知，内容如下。

一、所有大秦子民从十八岁起开始服役。

二、大秦子民每年必须服徭役一个月。

三、大秦子民需服兵役两年，兵役内容为：第一年在各郡进行军事训练，第二年驻守京师或边疆。

四、退役年龄：有爵位者五十六岁，无爵位者六十岁。

沛县县令

第 3 期
公元前209年-公元前207年

兵分两路

穿越报
CHUANYUE BAO

【烽火快报】
- 后院起火，急煞沛公

【绝密档案】
- 项梁叔侄起义的前因后果

【叱咤风云】
- 谁来做楚王？
- 项梁的结局
- 谁来救赵，谁去灭秦
- 破釜沉舟，项羽震住天下英雄

【名人有约】
- 特约嘉宾：张良

【广告铺】
- 悼念武信君项梁
- 有事找赵高
- 决一死战

【智者为王】
- 第1关

穿越必读 CHUANYUE BIDU

刘邦追随陈胜、吴广的脚步，举起了反秦的大旗。就在他意气风发、开疆辟土时，他的后院却起火了。而与此同时，项羽、张良等各色英雄人物也纷纷登场，他们的命运又将是怎样的呢？

FENGHUO KUAIBAO 烽火快报

后院起火，急煞沛公
——来自丰县的消息

公元前209年九月，为了开辟新的根据地，刘邦带兵攻打附近的薛县，将镇守丰县的重任交给了同乡雍齿。

雍齿在丰县有一定的势力。虽早年和刘邦有过过节，但刘邦依然十分倚重和信任他。可雍齿却打心眼儿里看不起刘邦，从来没有把他当领导看。

就在刘邦在外开辟疆土的时候，魏国丞相周市（fú）派人对雍齿说："丰县本来就是魏国的地盘。你要是肯投降的话，我就让魏王封你做大官；不然的话，别怪我不客气！"

雍齿二话不说，将丰县拱手献给了魏国。

得知后院起火，刘邦怒不可遏，立即率军回头收拾叛徒。可惜势单力薄，打了两次都没打赢，只好跑去楚国借兵。

可是，新楚王景驹没几天就被人干掉了。刘邦又成了孤家寡人。杀死景驹的人是谁？刘邦又将何去何从呢？下面本报将为您揭晓答案。

来自丰县的消息

项梁叔侄起义的前因后果

杀死景驹的人名叫项梁，也是反秦起义军的首领之一。和刘邦、陈胜不同的是，项梁出身楚国贵族家庭，祖先都是楚国将领，父亲项燕更是赫赫有名的大英雄。因为不小心杀了人，项梁带着侄儿项羽逃到吴中（今江苏省苏州市）避难。虽然是避难，但叔侄俩在此结交了不少豪杰，连郡守都敬他们三分。

项梁的侄儿项羽长得高大魁梧，力气大得能扛起一口鼎。更奇特的是，他的每只眼睛都有两个瞳孔，看上去挺吓人的。

叔侄俩一直在等待时机，这时，反秦起义的消息越过大江，传到了江东。

眼看着反秦起义军的声势越来越大，会稽（kuài jī）郡守殷通坐不住了，与其等着起义军来攻打，还不如顺应时代潮流，积极入伙，共商反秦大计。可是自己拿着朝廷的俸禄，老百姓怎么可能跟随他呢？

于是，他找来项梁商量说："现在到了上天要灭秦的时候了。我认为，做事情要是抢先一步就能控制别人，而落后一步就要被别人控制。我打算起兵反秦，请你和桓楚来统领军队。"

这话说到了项梁的心坎里，于是他将计就计，说："桓楚现在正在逃亡，没有人知道他的下落。只有我的侄儿项羽知道，就让他去把桓楚找回来吧。"殷通点点头，答应了。

项梁出去叮嘱项羽，让他持剑在外等候，然后又进来跟殷

通说:"项羽在外等候您的召见!"

殷通非常高兴,说:"赶快请他进来!"

项羽刚一进门,项梁就朝他使了个眼色,说了一声:"可以了。"项羽上前一剑把殷通的头砍了下来。可怜殷通起义没起成,倒把自己的小命给搭进去了。

项梁提着郡守的人头,带上他的官印,向大家宣布:"现在我就是郡守了!"

见到郡守血淋淋的脑袋,部下们惊慌失措,迅速包围了这叔侄二人,要捉拿凶手。项羽像狮子冲进羊群一般,一连杀了一百多个人。整个郡守府的人都吓得趴在地上,没有一个人敢起来,纷纷表示归顺。

凭借楚国世代名将的威望,项梁很快组织起八千兵力,在吴中正式举起了反秦大旗,加入到了起兵造反的洪流之中。

不久后传来消息,陈胜死了,他的部将秦嘉拥立景驹为新楚王。项梁认为这两人大逆不道,故率领八千江东子弟兵渡过长江,干掉了他们。

叱咤风云 CHIZHA FENGYUN

谁来做楚王？

景驹一死，项梁兼并了他的军队，来到薛城。

刘邦立即带了一帮兄弟，跑去找他借兵。项梁见他把队伍带得有模有样，便收留了他，并给了他五千士兵，十员战将，队伍一下子扩大到近万人。

刘邦士气大增，又杀回了丰县。雍齿吓得弃城而逃（据说逃到魏国去了）。这一次，刘邦终于夺回了丰县。

从这以后，刘邦正式成为项梁旗下的一员。

公元前208年六月，项梁召集各部将到薛城，准备开个大会，推举新的楚王，刘邦也应邀参加。

会上，大家各抒己见。但这么大的事，谁也不敢胡言乱语。有些人为了讨好项梁，建议他来做楚王，当然，以项梁现在的实力和威望，当选新楚王也是众望所归。

就在这时，一位叫范增的老人求见项梁。这位老人已经七十多岁了，常给人出些高招，很有名气。项梁立刻接见了他，请他赐教。

范增说："秦国虽吞并了六国，但楚国人现在仍旧很怀念楚怀王。老百姓口中流传着一句话，叫做'楚虽三户，亡秦必楚'。"意思是楚国哪怕是只剩下三户人家，灭秦的也必定是楚人。

楚王

　　他又说:"陈胜最先起事,却没有拥立楚王的后人,而是自立为王,所以他没干多久就被推翻了。如今楚地的将领都来投奔您,就是冲着您家世世代代是楚国将领的名头,希望您拥立楚怀王的后人做大王啊!"

　　项梁听了,觉得很有道理。他不愿走陈胜的老路,于是派人四处寻访,最后找到楚怀王流落民间的孙子熊心,并拥立他为新的楚怀王,定都盱眙(xū yí)。同时,项梁自封为武信君。明眼人一看就知道,这个楚怀王不过是个傀儡,实权还是掌握在项梁手里。

　　有了楚怀王这个招牌,从此,项梁就可以名正言顺地号令各路义军共同抗秦。

嘻哈园 XIHA YUAN

CHIZHA FENGYUN 叱咤风云

项梁的结局

薛城会议之后,刘邦从一个"游击队"的小头目,变成了反秦武装的骨干力量。不久后,他就接到项梁的命令,和起义军的第二号首领项羽一起出征。

两人一个是二十五岁,冲劲十足;另一个是四十九岁,行事沉稳,正好互补。他们配合默契,齐心协力,并肩作战,一举攻下城阳(今山东省菏泽东北地区),并拿下了雍丘(今河南省杞县),杀掉了守城大将李由(即李斯的儿子),军威大振。

在长达三个多月的合作中,他们成为了生死之交。

而另一边,项梁联合各路义军,向秦军发起了猛攻。特别是东阿(今山东省阿城县)一战,章邯被打得一败涂地,狼狈逃窜,最后只好退守濮阳城,并修渠放水,将项梁挡在城外。当然,他自己也逃不出来,只能等待秦军的救援。

叱咤风云 CHIZHA FENGYUN

见濮阳久攻不下,项梁便把军队撤到了黄河对岸,继续观望,同时分兵南下,再次大破秦军,轻轻松松地占领了定陶(今山东省菏泽市)。

接连不断的胜利,让项梁觉得曾经风光一时的秦军也不过如此,脸上露出骄傲的神情,士兵也跟着懈怠起来。

项梁的参谋宋义规劝项梁说:"打了胜仗后,如果将领骄傲,士兵懈怠,必定会败。现在士兵们已经开始变得松懈了,而秦兵却在不停地增加,我真为您担心啊!"

项梁没有把他的话放在心上,还把他打发走了,派他出使齐国。

在路上,宋义遇见了齐国的使臣田显,便问他:"你是要去见项梁吗?"

田显回答说:"是啊!"

宋义劝他说:"你现在最好别去,我料定项梁必败,你慢些去可免遭一死。若现在去见他,必会遭到牵连。"

田显知道宋义是个聪明人,便听了他的话,在途中停了下来。

果不其然,章邯等到了支援后,在一个月黑风高的晚上,突袭定陶,大败楚军。项梁和他的亲信全部战死,十万楚军一夜之间全部被歼灭。

听到这个噩耗,楚军上上下下大为震动,项羽和刘邦两人惊得差点跌落马下。

鸿雁传书

羊倌儿如何成为真正的王

穿穿老师：

您好！现在我的心情是悲喜交加。悲的是，武信君项梁死了，楚国好似失去了顶梁柱，秦朝对我们虎视眈眈；喜的是，我终于可以不用做傀儡了。也许在你们看来，我只是一个羊倌儿，只懂得放羊。但现在不管大家愿不愿意，项梁一死，也只有我才能继续王的使命，领导大家继续抗秦了。只是，现在人心涣散、士气低落，我该从何入手呢？

楚怀王　熊心

怀王：

您好！首先我想说一句，"英雄不问出处"。想当年，伊尹不也只是一名厨师吗？百里奚不也给人放过牛，当过奴隶吗？他们不照样建功立业、名垂青史了吗？

当务之急是要稳定军心，鼓舞士气。一个队伍的士气如何，完全取决于领头人！根据目前的形势，我建议：第一，最好您能"御驾亲征"，到前线去，和士兵们在一起，共同抗敌！第二，收回军事大权，增强军队凝聚力；第三，支援各地的反秦活动，让楚国变成反秦的大本营。

赶紧行动起来吧！

《穿越报》编辑　穿穿

【不久后，楚怀王迁都彭城（今江苏省徐州市），他亲临战场，大大鼓舞了士气。同时，封项羽为长安侯，将项羽的军队和别的军队合并，由自己指挥；封刘邦为武安侯，负责彭城防务，与项羽地位齐平。】

百姓茶馆 BAIXING CHAGUAN

北上救赵，究竟派谁？

项梁一死，章邯就没把楚国放在眼里了，打都懒得打了，直接渡过黄河，围攻赵国去了。听说不但把赵国都城邯郸（dān）铲平了，还把赵王赵歇和宰相张耳围困在巨鹿城中。

楚人张三

楚人李仲

那楚国就危险了，唇亡齿寒啊！一旦赵国灭亡了，章邯又回过头来攻打楚国，那楚国就更招架不住了！所以，不能失去这个盟友，一定得救它！

赵王已经给很多诸侯发了求救信。我们怀王一定会去救的，只是不知会派谁去。

楚人王五

项家军士兵甲

当然是派我们长安侯了。章邯杀了他的叔叔，派长安侯去，一来可以让他报仇雪恨；二来我们长安侯英勇无比，率兵渡河，与赵王来个里应外合，一定能够大败秦军！

怀王好不容易没收了项羽的兵权，不可能让他继续带兵了。我们还是静观其变，看怀王怎么安排吧！

楚人吴季

谁来救赵，谁去灭秦

接到赵王的求救信后，楚怀王吃不好，睡不好。赵国不救不行，秦朝不打也不行。但是，派谁去救赵，派谁去灭秦呢？怀王很伤脑筋。

这时齐国使者田显对他说："宋义推断项梁的军队必败，过了几天，项军果然失败。军队尚未开战，就预见到了会失败，可见宋义是个很懂兵法的人。"

楚怀王立刻召见宋义，一番交谈后，对他欣赏有加。

之后，楚怀王召开了一次大会，就救赵和灭秦两大问题展开探讨。为了激励大家英勇作战，楚怀王还与将士们立下一个约定："谁先攻入关中，谁就可以在关中称王。"

但是秦军势力强大，自从打败了项梁后，形势更是一片大好，不仅消灭了各国的主力军，还收复了大片领土，哪有那么容易攻破，一不小心可能连命都没了。

所以，虽然楚怀王抛出这么大一个"蛋糕"，让人跃跃欲

叱咤风云 CHIZHA FENGYUN

试,可真正敢带兵入关和秦军打仗的人几乎没有,都等着别人先出这个头。

只有项羽是个例外。因为秦军杀了他的叔叔项梁,他一心要为叔叔报仇雪恨,恨不得马上带兵攻入关中。

楚怀王手下的老部将们说:"项羽虽然作战勇猛,但是性情残暴,他带兵攻占襄城后,竟然没留下一个活口。"

"况且,楚国多次出兵,在这之前的陈胜、项梁都惨遭失败,就是因为只顾武力攻掠,不懂安抚人心,这次不如改派一名宽厚仁爱的长者,以仁义之心来获得老百姓的支持。秦朝的百姓被暴政迫害很久了,如果此时有一位宽厚仁爱的人出现,关中就可不攻自破。项羽不具备这些条件,只有刘邦宽宏大量,有长者气度,是入关的最佳人选。"

楚怀王接受了大家的建议,拒绝了项羽入关的请求,而是改派刘邦西进,攻打秦军。

灭秦的人选确定了,接下来是确定救赵的人选。

当然,这个楚怀王心中早有人选,他向大家公开推举了宋义,并任命他为上将军,项羽为次将,范增为末将,领兵前去救援赵国。为了显示对宋义的重用,还特赐名"卿子冠军"(意思是诸军之冠)。

就这样,两兄弟一个向西,一个向北,向着各自的目的地进发了。

CHIZHA FENGYUN 叱咤风云

破釜沉舟，项羽震住天下英雄

公元前208年，宋义带着救援大军，向着巨鹿（今河北省平乡县）出发了。

然而，队伍走到漳水边，宋义就不肯再向前走了，一直磨磨蹭蹭，在那里逗留了四十六天。

漳水的对岸就是巨鹿，远远地看着黑压压的秦军不断进攻巨鹿，项羽心急如焚，多次催促宋义："救兵如救火，再不出兵，赵国就危险了。我们应该赶紧渡河，与赵军来个里应外合，消灭秦军。"

宋义回答说："不对。要打死牛身上吸血的大虻（méng）虫，就不要顾及牛身上的小虱子。现在秦军在攻打赵国，如果打赢了，军队便会放松紧惕，我们就趁机发起进攻；如打不赢，我们就率军西进，一举破秦。所以，我们现在要坐山观虎斗。冲锋陷阵，我自认不是你的对手，可是运筹帷幄，你就不如我了。"

为了给项羽一个下马威，宋义还下令说："凡是不服从指挥的人，一律处斩。"

项羽为人脾气火爆，哪里咽得下这口气，便拔剑砍下了宋义的脑袋。

叱咤风云 CHIZHA FENGYUN

杀掉宋义后，项羽走到军帐外，对将士们说："宋义与齐国合谋反楚，楚王密令我杀了他。"

众将领本来就惧怕项羽，立马附和说："拥立楚怀王的是将军您家的人，现在又诛杀了乱臣贼子，请将军来做我们的上将军吧！"

事已至此，楚怀王也只好顺水推舟，正式任命项羽为上将军。

掌握了兵权，项羽立即领军渡河。一过河，项羽便下令凿沉所有的船只，烧掉营帐，砸烂做饭的锅碗瓢盆，只带三天的口粮，与秦军决一死战。

他对将士们说："秦军虽然比咱们多了十多万人，但只要我们下定决心，拼死血战，一样可以和他们拼个你死我活！这次打仗，只许进，不许退！"

此时，赵军被秦军牢牢地包围在中央。各诸侯国的军队虽然都已经到了，但都被秦军的声势吓破了胆，迟迟不肯出手。

而项羽的士兵呢，看到锅毁船沉，一点退路都没有了，个个都抱着必死的决心，与秦军展开了殊死搏斗。他们一个个以一当十、视死如归，很快就把秦军打得落花流水，四散奔逃。

巨鹿之围解除后，项羽召见诸侯军将领。这些将领们进入军营大门时，没有一个不是跪着前行的，谁也不敢直视项羽。从此，项羽的威名传遍天下，各路诸侯也都听从他的指挥了。

名人有约

MINGREN YOU YUE

张良 特约嘉宾

越越 大嘴记者

嘉宾简介：他原本是无忧无虑的贵族子弟，却一下沦为平民，饱尝生活艰辛；他聪慧多谋，胆识过人，原本只是手无缚鸡之力的一介书生，却敢与最强大的人为敌；他理想远大，立志复兴韩国，推翻暴秦。他就是现任韩国大司马——张良。

越越：子房先生，您好！没想到您这么帅啊！

张良：一副皮囊而已，我这里（指指脑袋）更有料！

越越：那是那是。听说你们家族祖上五代都是韩国的丞相，现在您又当上了韩国的大司马，有什么感想吗？

张良：嬴政灭了我的国、我的家，此仇不共戴天。我一定要推翻暴秦，光复韩国！

越越：秦灭掉了六国，仇家多得不得了。前些年，还有个大力士想刺杀秦始皇呢！

张良：那人力大无穷，嬴政第三次出巡时，他将一个一百二十斤重的大铁锤砸向了那辆最豪华的马车，可惜死的不是嬴政。嬴政那厮太狡猾了，时常换乘车马，算他命大。

越越：您对这事儿咋这么清楚？

张良：（微笑）呵呵，当年被通缉的幕后策划人正是我！

越越：天啊，想不到您一介书生，竟这么有胆识！

张良：（摇摇手）这次有勇无谋，算不得什么大智慧。真正让我拥有大智慧的是我师父送给我的这本书。（拿出《太公兵法》）

越越：您的师父一定是位高人，能否引见一下？

张良：师父来无影，去无踪，我都很难见到。说起来，我跟他的相识还挺有趣的。刺杀始皇帝失败后，我就

名人有约 MINGREN YOU YUE

隐居了。有一天，我去桥边散步，迎面走来一个老头，他故意把鞋子扔下桥，让我帮他捡回来。

越越： 这人怎么这样，找骂吧？

张良： 我见他是个老人家，就没跟他计较，帮他捡回了鞋。哪知他得寸进尺，还让我给他穿上。好人做到底，我又为他重新穿上。他说我孺子可教，约我五天后天亮时在桥上相见。

越越： 这人来历不明，会不会是秦始皇派来抓你的？

张良： （大笑）怎么可能！我虽然不知道他有什么目的，但还是去赴约了。结果他比我到得早，嫌我来迟了，叫我五天后再来。第二次，我又晚他一步。第三次，我干脆半夜就跑了过去，这回总算赶在他前面了。这次，他对我很满意，送了我这本书，说读了这本书，以后可以为帝王师，兴邦立国。

越越： 有这样的奇人相助，您的复国梦指日可待！

张良： 没那么容易。现在我们能有个"韩"的称号，还是我跟沛公一道去薛县参加拥王大会，向项梁讨来的。但光有个称号有什么用，我们实力单薄啊！

越越： 说到沛公，我有一事不明。在跟随韩王之前，您为何跟随沛公呢？无论是从身份，还是从学识来讲，您都胜沛公一筹啊！

张良： 我跟沛公的相识很巧。当时他去向景驹借兵，我也去向景驹借兵，就遇上了。我们都是喜欢扶危济弱的人，所以一见如故。若不是想光复韩国，我一定会留在沛公身边。

越越： 可是据我所知，他只是让你做了个管马的小官啊！

张良： 那并不重要。我虽然饱读诗书，实战能力却一般。你看，我和韩王被秦军打得东逃西窜。沛公就不同，他是个帅才，善于带兵打仗。我相信自己没有看错人。

越越： 那祝子房先生早日如愿以偿！期待下次相见！

广告铺

悼念武信君项梁

武信君项梁是楚国忠良之后,为反秦事业做出了巨大贡献,如今他战死沙场,为国捐躯。为了悼念这位楚国的英雄,请大家向他默哀致敬。

楚怀王熊心

有事找赵高

众位爱卿,由于后宫事务繁忙,我宣布从今天开始,所有的事情都先呈报给丞相赵高,由他全权处理,不得有误。

秦二世胡亥

决一死战

兄弟们,我们现在把船底凿穿了,把锅砸了,已经没有退路了。要想活命的话,就只有一条路,到秦军军营里抢饭吃吧!

项羽

智者为王 ZHIZHE WEI WANG

第1关

智者无敌
王者为大

1. 秦始皇死后，继承皇位的是谁？
2. 为什么刘邦的父亲给刘邦取名叫刘季？
3. 刘邦出生在哪个县？
4. 刘邦的第一个职务是什么？
5. 刘邦娶了谁做老婆？
6. 大泽乡起义发生在哪一年？
7. 陈胜起义后，建立的政权叫什么名字？
8. 陈胜是怎么死的？
9. 项梁的父亲是谁？
10. 陈胜死后，谁取代了他的位置？
11. "楚虽三户，亡秦必楚。"是什么意思？
12. 被称为"卿子冠军"的是谁？
13. 楚怀王派谁西进攻秦？
14. 楚怀王与起义军的约定是什么？

穿越报
CHUANYUE BAO

第 4 期
公元前206年1～10月

直捣关中

刘邦 著

【烽火快报】
- "山大王"彭越归附刘邦

【叱咤风云】
- "狂生"想出的好办法
- 再遇张良,将南阳收入囊中
- 过了峣关,咸阳就是囊中之物

【名人有约】
- 特约嘉宾:赵高

【广告铺】
- 劝降书
- 反秦宣言
- 祭祀泾河水神
- 悬赏通告

穿越必读 CHUANYUE BIDU

依据楚怀王的约定,谁先攻入关中,谁就可以在关中称王。据目前的形式来看,关中王非项羽和刘邦这两位英雄莫属了。那么,到底谁会最先攻入关中呢?面对步步紧逼的起义军,秦朝内部又会有何反应呢?

烽火快报 FENGHUO KUAIBAO

"山大王"彭越归附刘邦

——来自昌邑的消息

来自昌邑的消息！

公元前206年一月，由于缺乏粮食，刘邦向西进攻秦军的粮仓昌邑（今山东省巨野县）。在这里，他认识了一个叫彭越的人。

彭越也算得上是个高人，在秦朝还很强大的时候，他就一边以捕鱼为生，一边做强盗，在昌邑的知名度很高。

陈胜、项梁揭竿而起时，有人对彭越说："咱们跟他们一样干吧！"

彭越说："现在两条龙正斗得不亦乐乎，还是先等等看。"

过了一年多，大家又拉他入伙做头儿，他这才半推半就地答应。

一开始，他就跟手下约定，太阳出来的时候集合，迟到者杀头。很多人以为他在开玩笑，天亮时只到了十多人，最后一个人到了中午才来。结果，他真的把最后那个迟到者给杀了。其他人惊得目瞪口呆，从此再也不敢违抗军令。

彭越的这种作风和刘邦一拍即合，两人相见恨晚，立即合力进攻昌邑。虽然最后未能攻下，但刘邦也很有收获，不但多了一名得力干将，还从彭越那里得到了大量粮食，得以继续西进。

CHIZHA FENGYUN 叱咤风云

"狂生"想出的好办法

离开昌邑，刘邦带兵来到陈留（今河南省开封市陈留镇）郊外。有一个叫郦食其（lì yì jī）的人听说刘邦要来了，便到处找人引荐。这个人家境贫寒，爱读书、爱喝酒，为人狂傲，已经六十多岁了，却还只是一名看管里门的小吏。尽管如此，当地的人却不敢轻视他，称他为"狂生"。

正好刘邦手下有个人是他的邻居，郦食其便找到他，说："我听说沛公性子傲慢、看不起人，但身怀雄才伟略，正是我想追随的人。请你帮我引荐一下，就说家乡有位郦先生，六十多岁，身高八尺，别人都说他是狂生，其实他一点都不狂。"

那人回答说："沛公不喜欢儒生，有人戴着儒生的帽子去见他，他把人家的帽子摘下来，扔在地上，往里面撒尿。不仅如此，只要儒生和他说话，就会被他骂得狗血淋头。所以，你千万别说你是儒生。"

郦食其自信满满地说："没事，你照我教你的说就是。"

那人回去之后，按照他教的向刘邦说了。

刘邦果然很感兴趣，到达高阳（今河南南部）后，便派人去请他。由于旅途劳顿，刘邦坐在床边，

叱咤风云 CHIZHA FENGYUN

叫两名女子给他洗脚、按摩。

郦食其见了，没有倾身下拜，只是作了个揖，说："您是想帮助秦朝攻打诸侯呢，还是想率领诸侯灭掉秦朝？"

刘邦听了很生气，张口就骂："好你个臭儒生，天下的老百姓被朝廷压迫这么久了，所以大家才会起来反秦，我怎么会帮助秦朝攻打诸侯呢？"

郦食其说："既然您下决心召集天下民众，推翻暴秦，就不应该这样对待长者。"

刘邦这才发现眼前的老者不是一般人，立刻停止洗脚，穿戴整齐，向他致歉，并把他请到上宾的位置，一边好酒好饭招待，一边向他请教破秦良策。

郦食其说："您的这些兵加起来，总共也不超过一万人，如果就这样去攻打秦军，不是送羊入虎口吗？"

刘邦听了点点头，表示赞同。

郦食其接着说道："陈留县是历代兵家必争之地，又存了许多粮食，要打败秦军必须先夺取陈留。我与陈留县令交情不错，请让我去陈留，劝他投降；假如他不听劝告，您就领兵攻城，我在城中作内应。"

于是，刘邦派郦食其进城劝降，果然顺利地拿下了陈留，得到了大批军粮。

事后，刘邦封郦食其为广野君，作为说客，出使各诸侯国；封他的弟弟郦商为将，与自己一起向西挺进。

XIHA YUAN 嘻哈园

叱咤风云 CHIZHA FENGYUN

再遇张良，将南阳收入囊中

离开陈留后，刘邦继续西行，攻打浚仪县（今河南省开封市），久攻不下，便往西行，攻占了颍（yǐng）阳。在颍阳，他见到了老朋友——张良。

颍阳曾经是韩国的领地。自从离开刘邦后，张良就一直跟着韩王在这一带"打游击"，但却没有打下一块地盘。刘邦攻占了颍阳，给张良和韩王大大地出了口恶气。

两军会合后，张良决定留在刘邦身边，帮助刘邦入关。

入关并不是一件很容易的事，咸阳四面都是山，东是函谷关，西是大散关，南是武关，北是萧关。要攻进去，哪有那么容易？

刘邦决定先打三川郡（今河南省洛阳市），结果打输了，怄了一肚子气。还好有张良帮忙出主意，刘邦于是改变方向，南下攻打南阳郡。换了个地方，效果果然不一样，秦军被打得落荒而逃，不得不退守宛城（今河南省南阳市宛城区）。

由于秦军拼死抵抗，刘邦虽然占领了整个南阳，却始终攻不下宛城。

这时，项羽那边传来消息，他已经在跟章邯进行和平谈判了。看这架势，恐怕要抢在刘邦之前入关了。刘邦心急之下，决定绕开宛城，直扑武关。

叱咤风云

　　这个决定遭到了张良的反对，他说："沛公，我们虽急着入关，但这一路上秦兵还有很多，而且都据险而守。如果这样轻易地跳过宛城，一旦宛城的秦兵从后面追杀过来，那时，前有强秦，后有追兵，咱们就危险了。"

　　刘邦采纳了他的建议，立即换了策略，调转马头，乘夜返回，黎明时将宛城团团围住。南阳郡守见刘邦去而复返，急得要拔剑自杀。幸好，他的门客陈恢阻止了他，说："您先别忙着寻死，待我去劝说刘邦。"

　　陈恢翻过城墙，见到沛公后，说："宛城是个好地方，官民们都认为，只要投降就一定会被您杀死，所以都拼了老命来抵抗。而这样一来，不就耽误了您入关称王的时间吗？"

　　刘邦听了，觉得他说得有点道理。

　　陈恢见刘邦赞同，接着说道："依我看，不如招降宛城官民，给南阳郡守加官晋爵，让他给你守城，其他官兵跟你一道西行。百姓听到您这样的义举，定会打开城门来欢迎您。到时候，您就可以畅通无阻了。"

　　刘邦最喜欢这种和平战术，不费一兵一卒也能获胜，当场就拍板："好！"他接受了对方的投降，封南阳郡守为殷侯，并封给陈恢一千户食邑。之后，刘邦军队经过的地方，秦军纷纷不战而降。

　　这样一来，刘邦不仅减少了人员的伤亡，扩充了自己的军队，更是大大缩短了入关的时间，赢得了人心。

鸿雁传书 HONGYAN CHUAN SHU

共分关中,还是强取武关?

穿穿老师:

您好。不得不说,我是个运气非常好的人。一路西行,没遇到什么抵抗,就轻轻松松地来到了秦国的南大门——武关。

眼看就要入关了,而我却在这里遭到了顽强的抵抗。与此同时,秦相赵高却突然逼胡亥自杀,派人过来求和,说可以与我共分关中,各自称王,并承诺杀死全部秦朝宗室人员。

你也知道,赵高为人奸诈,不可信任。可是另一方面,项羽打败了秦军,连章邯也带着二十万秦军向他投降了,这架势怕是马上也要打进咸阳城了。

我是与赵高共分关中呢,还是强行攻取武关?

刘邦

沛公:

您好!赵高狡猾狠毒,当然不能信他。您若是和他同流合污,岂不是玷污了自己的好名声?

但是,武关这边的确得想个办法。强攻不可取,说不定会让您大伤元气。不如继续派人游说秦将,分散他们的精力,同时率军偷袭,这样做比强行攻关要好得多。

至于项羽这边您先别急,他暂时还到不了咸阳城。

《穿越报》编辑 穿穿

【刘邦最终拒绝了赵高的提议,经过艰苦激烈的战斗后,成功夺取了武关。】

BAIXING CHAGUAN 百姓茶馆

欢迎沛公来称王

楚军马上就要打到咸阳啦!这秦朝就要完蛋啦!听说现在咸阳的皇宫内人心惶惶,我们老百姓可咋办呐!

李裁缝

刘书生

也不知新皇帝是什么样,他不会也向秦二世那样荒淫无度吧?老天保佑,不要再让我们受苦了。

那可说不定,我亲戚的儿子在军队里当兵,听他说,他们的首领项羽是个杀人不眨眼的魔王,无论打到哪儿都是烧杀抢掠、无恶不作,比秦二世还坏呢!要是他来了,我们哪有什么好日子!

茶肆小二

张婆婆

放心,先进城的肯定是沛公,听说他的军队已经到霸上了,看样子时局已定。沛公治军严明,不准官兵动老百姓一针一线,一路上,老百姓都很欢迎他们呢!要是沛公能在我们关中称王就好了!

67

叱咤风云 CHIZHA FENGYUN

过了峣关，
咸阳就是囊中之物

公元前206年九月，刘邦的军队抵达峣（yáo）关（今陕西省蓝田县东南）。峣关是通往咸阳的交通要塞，易守难攻，秦军最后的主力都在此把守。

刘邦亲点了两万名精兵强将，打算从正面和秦军干一仗，张良却制止了他，说峣关不可强攻，只能智取。

张良还说："我听说峣关守城的将领以前是个屠夫，这种市井之徒一向贪财，你只要派人去给他多送些金银珠宝，他一定会上钩。"刘邦同意了。

峣关的将领收到贿赂之后，果然表示愿意献关投降。

刘邦大喜，正准备与他订下盟约。张良再次制止了刘邦，说："将领虽然愿意投降，但士兵们不一定愿意啊。万一他们造起反来，后果很严重。"

刘邦问："那怎么办？"

张良说："您可以趁他们现在麻痹大意、放松警惕的时候，在附近的山上布下一些人马，多派些人摇旗呐喊、迷惑对方，然后再率军突袭，一举拿下峣关。"

刘邦依计而行，突然率兵对峣关的秦军发起猛烈进攻。秦军被杀得措手不及，只好丢弃峣关，退守蓝田。刘邦乘胜追击，在蓝田再次大败秦军。

公元前206年十月，刘邦的军队绕过峣关，抵达霸上，这里距离秦都咸阳仅二十五里。至此，咸阳已经成为刘邦的囊中之物了。

名人有约

MINGREN YOU YUE

 **越越** 大嘴记者

赵高 特约嘉宾

嘉宾简介：他本是一名小小的宦官，却因写得一手好字，精通律法，成为公子胡亥的老师。在他的策划下，原本无能的胡亥登上了皇帝宝座，对他唯命是从，整个秦王朝实际上变成了"赵"王朝。他就是当今权势无边的大秦丞相——赵高！

越越：你好啊，赵大人！

赵高：（摇摇头）不好哩！

越越：（惊讶）你现在大权在握，想吃啥就吃啥，想杀谁就杀谁，还有什么不好的？

赵高：（眉头紧蹙）现在那帮反贼都打到家门口来了，你说我能好吗？

越越：没事儿！你还怕他们那帮小混混不成？皇帝和李斯都被你管得服服帖帖的！

赵高：（得意）要人听话不难，只要抓住一个人的弱点就行！李斯的弱点是，他的功名来之不易，他最想保住他的地位。皇帝的弱点就是能力平平，并对我言听计从、深信不疑。

越越：赵大人不光能忽悠，眼光也很毒啊！

赵高：（大笑）一切尽在我的掌控之中。你知道李斯那厮最后的结局吗？我只是跟皇帝说，李斯拥立他之后，没捞到好处，怀恨在心；他儿子李由因为和陈胜是同乡，对叛军消极抵抗。他就被执行了腰斩，那叫一个惨呐！

越越：皇上果真是对你信任有加。他最近在忙些什么，可否让我采访一下？

赵高：（警惕）你要见他做什么？皇帝已经把所有的事情都交给我打理了，不光是你见不到他，就连朝中

名人有约 MINGREN YOU YUE

大臣也见不到他。

越越：噢，天子不上朝不太好吧？

赵高：记者先生，这你就不懂了。距离不仅可以产生美，还能产生威严。天子为什么尊贵，是因为老百姓看不到他的样子。胡亥还很年轻，缺乏做皇帝的经验，如果上朝时跟大臣们面对面，一不小心，就会把自己的弱点暴露出来，那天下的人还会认为"皇上圣明"吗？所以，不如待在宫里面，所有的事务由我处理。这样皇上就不会犯错，就是英明的君主了。

越越：（不可思议）这种话他也听？

赵高：听，太听了！他安安心心地在后宫玩呢！不管我说什么，他就立马照做，把那些平日里对我不满的人全都杀了。

越越：朝廷上那么多达官贵人，你怎么判断哪些人对你忠诚，哪些人对你不满呢？

赵高：这个简单，我只是做个简单的测试就搞定了。我让人送了一头鹿给胡亥，当着所有大臣的面，我说这是一匹马。结果，这帮人啊，有的人就跟着我说是马，有的人坚持说是鹿。

越越：我明白了。那些说是马的人，便是害怕得罪你的人；而那些说是鹿的人，便是对你不满的人。你可真是老谋深算啊！那现在沛公的军队就要打进来了，您已经有办法了吗？

赵高：（面露不悦之色）刘邦的军队就在城外，我派了人去跟他谈条件，只要他不打进来，我愿分一半的天下给他，结果他竟然不乐意，真是不识抬举！

越越：你不怕皇帝知道这种事，拿你问罪？

赵高：（不屑地笑笑）这个我早有准备。他早就不该待在这个位子上了，我早晚把他拉下去。

越越：你是不是已经有了新的皇帝人选？

赵高：当然。

越越：谁？能告诉我吗？

赵高：（故作神秘）嘿嘿，到时候你就知道了。

广告铺

劝降书

　　秦军将士们，你们已经打了三年仗，巨鹿一战又损兵折将，但天下造反的人却是越来越多。如今，朝中赵高独揽大权。如果打了胜仗，赵高就会嫉妒你们；如果打了败仗，回去也是死路一条。为何不与义军配合，灭了秦朝，共分天下呢？

义军招降部

反秦宣言

　　胡亥昏庸无道、荒淫无度，不仅杀害骨肉同胞，还残害无辜百姓。朝廷奸臣当道，明知我军身陷险境，仍不肯救援。我们决定和朝廷彻底划清界限，加入起义军的队伍，一同讨伐昏君，拯救天下百姓。

章邯

祭祀泾河水神

　　这些日子，陛下常做噩梦，身体欠佳，这都是因为泾河的水神在作怪。现陛下决定明天前往望夷宫，行水神祭祀大典。请相关部门准备四匹白马，以敬神灵。文武百官不得缺席。

大秦解梦司

悬赏通告

　　最近，咸阳城里有盗贼出没，给百姓生活带来了不良影响。如果有谁能提供有效信息，捉住图中通缉的盗贼，赏白银五十两。

咸阳巡捕房

第 5 期
公元前206年10月–公元前205年

鸿门脱险

穿越报
CHUANYUE BAO

【烽火快报】
- 沛公入关，秦朝灭亡

【绝密档案】
- 成也赵高，败也赵高

【叱咤风云】
- 糊涂主子与清醒部下
- 霸王入关，项伯告密
- 好一场惊心动魄的鸿门宴

【文化广场】
- 鸿门宴为何这么坐？

【名人有约】
- 特约嘉宾：刘邦

【广告铺】
- 诚聘宣传员
- 关于对赵高的处罚通告
- 废帝号，称秦王

穿越必读 CHUANYUE BIDU

沛公威武，一连串的胜利，让他率先进入关中。楚怀王的约定世人皆知，关中称王指日可待。不过，他似乎高兴得有点早了，项羽可不是吃素的，他一来就给刘邦出了一道难题……

FENGHUO KUAIBAO 烽火快报

沛公入关，秦朝灭亡
——来自咸阳的加密快报

公元前206年十月，刘邦率领着他的仁义之师，浩浩荡荡地开进了咸阳城。而打开城门、出城受降的人不是赵高，而是秦王子婴。这是怎么回事？

原来，赵高眼看秦朝岌岌可危，便杀了胡亥，想自己做皇帝。由于名不正、言不顺，没有一个人拥护他，他只好立公子扶苏的儿子子婴为王。

子婴是个明白人，他很清楚，赵高立他为王，不过是想再找一个傀儡。子婴不愿做第二个胡亥，因此，他开始筹划杀掉赵高。

登基那天，子婴借口说自己有病在身，不能前往。赵高没办法，只好亲自去请，一进宫，子婴就让人把他杀了。

尽管如此，经过秦始皇和秦二世的暴虐统治，不论是老百姓，还是当朝大臣，都对朝廷失去了信心，秦朝已经丧失了最后一丝生机。子婴也无力回天，只好穿着白色的服装，坐着白色的马车，用丝带拴着脖子，带着秦朝的玉玺和兵符，来到刘邦面前投降。

至此，显赫一时的大秦王朝宣告灭亡。

绝密档案 JUEMI DANGAN

成也赵高，败也赵高

秦朝的灭亡，与胡亥和赵高这对难兄难弟是分不开的。照理说，胡亥对赵高是言听计从，比孙子还听话，那赵高为什么还要杀了胡亥呢？接下来，本报记者将为您揭开这一谜团。

原来，一直以来，赵高为了独揽大权，欺骗胡亥说天下太平，让胡亥放心享乐。

直到起义军直逼咸阳，胡亥才发现丞相说的都是谎言，气得牙痒痒，便派人去责问赵高。

赵高害怕胡亥翻脸，便与他的女婿阎乐、弟弟赵成商议说："皇上不听规劝，现在火烧眉毛了，便想嫁祸给我。我打算换掉他，改立扶苏的儿子子婴为王。子婴的名声可比他好多了，百姓都听他的。"

八月的一天，胡亥在望夷宫祭祀水神。阎乐率领一千多人包围了望夷宫，将守门的侍卫长捆绑起来，说："大盗都跑进宫了，为什么不拦着他？"

侍卫长说："宫中戒备森严，哪有什么盗贼？"

阎乐不由分说，一剑将他杀了，带兵径直闯进宫中，一边走一边放箭。宫中的人死的死，逃的

逃，惨叫连连。

胡亥见宫里乱成一锅粥，大发脾气，喝令侍卫们阻止阎乐。可是，这些侍卫们害怕赵高报复，都纷纷逃走了。

最后，胡亥的身边只剩下一名宦官，他对宦官埋怨道："你为什么不早告诉我，以至于事情发展到了这个地步！"

宦官回答说："我不敢说，所以才能保全性命；倘若我早说了，哪还能活到现在！"

阎乐走到胡亥面前，数落他的罪行，说："你骄横放纵，滥杀无辜，现在全天下的人都背叛了你，你还是自行了断吧！"

胡亥哀求他说："让我见见丞相行吗？"

阎乐回答："不行！"

"我不当皇帝了，做个郡王行吗？"

阎乐回答："不行！"

"让我做个万户侯也行！"

阎乐还是回答："不行！"

"让我带着妻子儿女去做平民百姓，总可以了吧？"

阎乐怜悯地望着他，说："我是奉丞相的命令，为天下百姓诛杀你，你说再多，我也不敢禀告！"随即命令士兵动手。

胡亥这才明白，那个教过自己的恩师，那个将自己推上至尊之位的丞相，再也不会给自己活路了。秦朝的第二个皇帝就这样窝窝囊囊地自杀了。

叱咤风云 CHIZHA FENGYUN

糊涂主子与清醒部下

听说刘邦来了,咸阳的百姓们一个个欢呼雀跃,纷纷跑到街上,夹道欢迎。

咸阳是一座繁华、富庶的城市。秦始皇统一天下时,每消灭一个诸侯国,就会把该国的宫殿原样复制,在咸阳建造一座一模一样的。而从六国迁来的富豪,就有十二万户。

面对美轮美奂的宫殿,琳琅满目的珠宝,以及数以千计的美女,作为一支来自穷乡僻壤的起义军,大家的心情无比激动。

刘邦也不例外,他当即决定,哪儿都不去了,就在这儿住下了!

关键时刻,大将樊哙给他泼了盆冷水:"沛公是想夺取天下,还是想做个大富翁?"

刘邦答道:"当然是要天下了!"

樊哙好心劝告道:"这些奢华之物,就是导致秦朝灭亡的原因!您要想夺取天下,就赶紧离开这儿,回到营地去!"

然而,刘邦已经被眼前的一切勾去了魂儿,根本听不进去。

张良得知后,急忙赶过来,又给他泼了盆冷水:"我们为什么能推翻秦朝?因为秦王只顾自己享乐,多行不义,民心尽失,

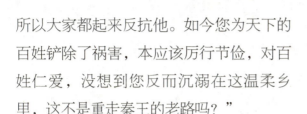

所以大家都起来反抗他。如今您为天下的百姓铲除了祸害,本应该厉行节俭,对百姓仁爱,没想到您反而沉溺在这温柔乡里,这不是重走秦王的老路吗?"

两盆冷水浇下来,刘邦幡然醒悟,立即下令封存秦宫里的所有财物,带领军队返回霸上。

比起樊哙、张良,另一个人的举动更让人叹服。这个人就是萧何。

萧何一直担任着刘邦军队里后勤主管的角色,替刘邦镇守后方、运输粮草,是个称职的好管家。

来到咸阳后,萧何一不贪恋财物,二不迷恋美女,却火急火燎地赶往秦朝的丞相府和御史府,把和秦朝有关的户籍、地图、法令和风土人情等档案一一进行清查,并分门别类、登记造册,统统收藏起来,以备他日之用。

可别小看了这些文件,根据秦朝的典制,丞相辅佐天子,处理国家大事;御史大夫仅次于丞相,负责监督百官,代表天子接受百官奏事,管理国家文件,起草诏书。除了军权外,丞相和御史大夫几乎总揽一切朝中大权。

萧何为官多年,深知比起钱财来,这些资料才是真正的宝物,以后肯定有用得上的地方。对此,全军上下无不佩服。刘邦惭愧之余,也对他赞叹不已:"萧何确实是奇才啊!"

CHIZHA FENGYUN 叱咤风云

霸王入关，项伯告密

与此同时，另外一支反秦大军——项羽的军队消灭了秦军主力，来到了函谷关。那里是进入咸阳的最后一道关口，刘邦早已派兵在此把守。

听说刘邦比他先到一步，项羽就气不打一处来——老子辛辛苦苦打了这么久的仗，让刘季老儿捡了个便宜，岂有此理！现在又见无法通关，勃然大怒，立刻作出了一个决定——攻关！

没多久，函谷关就被项羽攻破了。随后，他的四十万大军进入关中平原，驻扎在鸿门，距离刘邦驻扎的地方——霸上只有二十多公里。明眼人一眼就看出来了，只要项羽翻脸，刘邦绝对不是项羽的对手。

为了讨好项羽，刘邦的左司马曹无伤派人给项羽送去一封信，信上说："刘邦进入咸阳后，封存了秦宫全部的金银财宝，还封秦王子婴为相，准备称王。"

而项羽的亚父、首席参谋师范增，紧接着又添油加醋地说了一番："沛公在山东时，又贪财，又好色，现在到了咸阳，财宝也不要了，美女也不要了，可见他有更大的野心啊！"

项羽听了，更加恼火，当即决定："明天一早，出兵攻打刘邦军队！"

叱咤风云 CHIZHA FENGYUN

听到这个消息,有个人吓了一跳。这个人就是项羽的本家叔叔项伯,他有一个好朋友在刘邦的军中,而且这个好朋友还救过他的命。这个人就是张良。

项伯生怕张良跟着刘邦一起丧命,当天晚上,就骑了快马赶到霸上,将这件事告诉了张良,让他赶紧离开。

不得不说,项伯是个很讲义气的人。恰好,张良也是一个很讲义气的人,他说:"沛公有难,我不能不把此事告诉他。"项伯同意了。

刘邦听了此事,大惊失色,急问:"怎么办?"

张良说:"沛公真的要与项羽决裂吗?"

沛公说:"有个小人跟我说,守住函谷关,别的诸侯进不来,我就可在秦地称王,我便听了他的意见。"

张良说:"沛公觉得自己能打退项羽吗?"

沛公沉默良久,说:"不能。那怎么办呢?"

于是张良把项伯请了过来,让刘邦向他解释一下。

项伯一进门,刘邦就敬了他一杯酒,说:"我先入关,登记人数和财物,都是为了等待将军的到来。派兵把守函谷关,也是为了防备其他盗贼进出。我日日夜夜盼着将军来,怎么敢反叛呢?希望你回去帮我跟将军说明一下啊!"

双方谈得十分融洽,最后,刘邦还提出,把自己的女儿嫁给项伯的儿子,结为儿女亲家。项伯被刘邦的诚意打动了,答应为他说情。但也提出了一个要求,要刘邦第二天亲自去鸿门向项羽谢罪,刘邦一口答应了。

鸿雁传书

HONGYAN CHUAN SHU

刘季老儿到底有没有二心

穿穿老师：

你好！本来我已经犒赏三军，准备明天去给刘季老儿一点颜色看看，让他知道我的厉害！

没想到，我的叔叔项伯跑来跟我说，我跟刘季完全是一场误会，还说什么如果不是刘季先破咸阳，我们不可能入关。如今别人立了功，我们却跑去袭击他，这是不仁不义。应该借这个机会善待刘季，这样才能收买人心。

本来我跟刘季是结拜兄弟，跟他也没有什么冤仇。听说刘季准备明天一早来鸿门跟我谢罪，可是，我怎样才能知道，刘季是不是真心臣服于我呢？

项羽

项将军：

刘季是不是真心，我不能随意说。而且，要判断人家有没有二心，光听别人说，是远远不够的。最好的办法是和他见上一面，当面锣对面鼓地问个清楚，看他说些什么，做些什么。

既然他这么坦然地愿意跟您见面，作为义军的头号领袖，您也不能失了风范不是？所以，明天您就大大方方摆桌宴席，欢迎他的到来吧！有什么问题，您就多问问您的头号军师范增吧！祝您好运！

《穿越报》编辑 穿穿

【之后，项羽决定取消军事行动，在鸿门设下盛宴，等待刘邦前来赴约。】

好一场惊心动魄的鸿门宴

第二天一大早，在张良、樊哙等一百多人的陪同下，刘邦来到鸿门参加宴会。一见到项羽，刘邦就说："我与将军合力攻打秦国，将军在黄河之北，我在黄河之南。想不到我运气好，先入了关。和您在这里见面，本是一件高兴的事，不幸有小人在将军面前说我坏话，坏我名声，使您对我产生了误会……"

见大哥说话毕恭毕敬，好像有满肚子委屈似的，项羽很不好意思，说："这都是你的部下曹无伤告诉我的，不然的话，我怎么会这样呢？"

误会解除了，两兄弟冰释前嫌，开始把酒言欢。项羽、项伯面向东坐，范增面向南坐，刘邦面向北坐，张良面向西坐。

事情就这么结束了吗？当然没有。项羽糊涂，他身边的人可不糊涂。这个人就是范增。

叱咤风云

宴会中，范增多次举起自己的玉佩，向项羽使眼色，示意他杀掉刘邦。可项羽都装作没看见。范增见项羽默不作声，便站起来，走到帐外，找来项家的另一核心成员——武将项庄，命他向刘邦敬酒，之后舞剑助兴，找个机会杀掉刘邦。

项庄走进营内，敬酒之后，说："将军和沛公喝酒，军营里没有什么可以用来娱乐的，请让我舞剑助兴吧。"

项羽说："好！"

于是项庄拔出剑，虎虎生风地舞起来，他的剑尖总是有意无意地接近刘邦，吓得刘邦心惊胆战。项伯看出了项庄的动机，也拔出剑，挡在刘邦前面，同项庄对舞起来。这样一来，项庄就没办法下手了。

在这万分危急的时刻，张良急忙走出营帐，找到在外等候的樊哙。樊哙问："事情怎么样了？"

张良忧心忡忡地回答："现在项庄在里面舞剑，其实是想杀了沛公啊！"

樊哙一听，二话没说，立刻拿着剑和盾牌，要闯进去。守门的侍卫拦住他，他用盾牌一撞，把侍卫撞倒在地，一连撞倒了好几个。

樊哙掀开帷帐，进到里面，怒目圆睁，眼角都快裂开

了,连头发也都竖了起来。

项羽正喝着酒,见有人突然闯进来,便下意识地按住了剑柄,大声问道:"来者何人?"

后面赶来的张良急忙答道:"是沛公的贴身侍卫樊哙。"

项羽十分欣赏樊哙的勇猛,说:"真是个壮士啊,给他赐杯酒!"

樊哙举起酒杯一饮而尽。项羽又说:"赏他一条猪腿!"侍从们便给他拿来一条生猪腿。

樊哙一点儿也不吃惊,把猪腿放在盾牌上,用剑将猪腿肉一刀一刀地切下来,不一会儿就吃得干干净净。

项羽很高兴,问他:"壮士,你还能喝酒吗?"

樊哙回答:"我连死都不怕,喝杯酒又算什么!秦王荒淫无道、滥杀无辜,天下的人才都起来反叛他。怀王曾与各路将领约定,谁先入关,便可称王。现在沛公最先击溃秦军,进入咸阳,半文钱的东西都不敢拿,就返回霸上,等待您的到来。这样的功劳,您非但不给予奖赏,还听信小人的谗言,要杀有功之人,这是在重蹈秦朝灭亡的覆辙呀。我认为您的这种做法不可取!"

樊哙的一番话说得项羽哑口无言。

随后,刘邦就借口去上厕所,在众人的掩护下,匆忙逃离了鸿门,走小路回到了霸上。

BAIXING CHAGUAN 百姓茶馆

鸿门脱险以后

项羽那帮人太不是东西了。沛公回来的时候,还想着去跟他们道别呢!人家是菜刀和砧板,我们是鱼肉,还道什么别啊!

樊哙

张良

还好沛公先走一步,不然可就麻烦了。临行前我送给项羽一对白色的玉璧,他看起来好像还挺满意的,这我就放心了。但是,我送给亚父范增的那对大玉杯就没那么好运了,被他砸了个粉碎。

唉,项羽这小子不值得我与他共谋大业!夺取天下的人,必定是刘邦。我们这些人眼看着就要被他俘获了!

范增

沛公军队某士兵

我说项羽怎么会知道那么多事情,原来内鬼就是左司马曹无伤。看他人模人样的,竟然做出这样的事情。难怪沛公会发火,一回来就把他给杀了,这就是做叛徒的下场。

鸿门宴为何这么坐？

鸿门宴精彩绝伦，其中的座次安排也富有深意。

我国自古就是礼仪之邦。早在周朝时候，如何举办宴会，宴会上如何坐、坐在哪，就已有了一整套相当讲究的礼节规范。座位，不但体现了一个人的社会地位，也反映了主人待客的不同态度。如果乱坐，就有喧宾夺主、以下犯上之嫌。

比如帝王与臣子相对时，帝王朝南，臣子朝北；宾客与主人相对时，宾客朝东，主人朝西；长幼相对时，长者朝东，幼者朝西。宾主之间的四个方位，以东向最尊，南向次之，再次为北向，西向为陪坐，是最卑微的座次。宴会上，主人一般坐在东边，以示陪坐。所以主人又叫"东道主"，做主人又叫"做东"。而重要客人一般都安排在坐西朝东的位置，以示尊敬。

在鸿门宴上，项羽、项伯朝东而坐，地位最尊；范增朝南而坐，仅次于项氏叔侄；刘邦朝北而坐，又次于范增；张良朝西而坐，是在场人中地位最低的一个。

项羽这样安排，明显不把刘邦放在眼里。而项羽集团的内部，谋士范增的地位还不及告密的项伯，可见他们内部也已有了隔阂。因此，鸿门宴的座位图就是一张当时形势的说明书。现在，你看懂了吗？

名人有约

MINGREN YOU YUE

越越 大嘴记者

刘邦 特约嘉宾

嘉宾简介：他本是无所事事的小混混，一无所有的小亭长，却在时代洪流的推动下，举起了反秦大旗，最后竟得到天下英豪的鼎力相助，一路打到了咸阳城，连秦王子婴也不得不向他俯首称臣。没错，他就是千年才出一个的人物——沛公。

越越：沛公，恭喜您率先进入咸阳！听说秦王子婴出城投降了。我很好奇，对这个亡国之君，您会怎么处置他呢？

刘邦：（捋（lǚ）捋胡子）子婴是暴君秦始皇的孙子，我们很多兄弟对秦始皇是恨之入骨，所以建议我杀了他，为千千万万老百姓报仇雪恨。

越越：那您会那样做吗？

刘邦：（摇摇手）怀王之所以派我西征，是因为我宽厚仁爱。现在子婴都已经投降，杀一个亡国之君，我除了落下一个不好的名声外，又能有什么好处呢？

越越：确实，有很多坏事都是胡亥和赵高做的。子婴的品行端正，为人宽厚仁义，完全不像他叔叔胡亥。他还除掉了赵高这个恶贼，百姓们对他的印象还不错呢。

刘邦：所以啊，我现在只是把他关了起来，留待以后处置。

越越：（赞叹地）沛公您果然深谋远虑。那秦朝的官吏怎么处置呢？他们可不像子婴，很多坏事他们也参与了，而且他们长期跟你们作战，杀了你们不少兄弟。估计现在一个个都吃不好饭，睡不好觉吧。

刘邦：既然我连秦王都饶恕了，又怎么会和这些人过不去呢？我已经把他们都赦免了，以前做什么官，现在

名人有约 MINGREN YOU YUE

还是做什么官。不管怎么说，没有谁比他们更了解当地的情况了。

越越：（竖起大拇指）什么叫"胸襟广阔"，今天我算见识了！可是，光靠这些当官的还不行吧？关中的百姓们消息不灵通，起义军都快打到家门口了，还弄不清是怎么回事，要是他们起来反抗，怕也不好对付吧。

刘邦：所以，我们得让他们弄清楚，我们来关中是干什么的，是来推翻暴秦的！是来拯救老百姓的！是来为老百姓除害的！是来让老百姓过上好日子的！我们不是强盗，不是土匪，而是大家的亲人和朋友！

越越：（拍手）说得好！但是，光说得好听没用吧？

刘邦：（大笑）这个还用你提醒吗？小鬼头！我们早就"约法三章"，向大家表明我们的态度了。

越越："约法三章"是什么？

刘邦：就是跟老百姓作了三个约定：第一，杀人偿命；第二，伤人抵罪；第三，盗窃也要抵罪。这样一来，他们的害怕和担心就都消失了。

越越：难怪您入城的时候，那些百姓们都杀鸡宰鹅来欢迎您，原来您给他们吃了定心丸呀！

刘邦：（摇手）你可不要乱说，我早就下了明文规定，不准部下收受百姓的任何财物，谁不听，军法伺候！

越越：（汗）还好我从不干这种事。听说您参加鸿门宴后，把关中让给了项羽。那您觉得，他也会像您这样对待关中的老百姓吗？

刘邦：上天有好生之德，我当然希望如此。只不过项羽为人一向骄横残暴，咸阳城会变成什么样，还是个未知数，到时候再看吧！

越越：嗯，我也希望如此。好了，您时间宝贵，我不打扰了，沛公再见。

刘邦：再见。

广告铺

诚聘宣传员

　　这三个约定得到大家的热烈欢迎。为了更好地落实这三条法令，让所有人都知道我们的目标、我们的理想，现特招聘若干宣传员。要求身体健康，能说会道，乐于跋山涉水、走乡串户，年龄不限，身份不限，关键是要有一颗爱心、为民的心！欢迎有心之人，加入我们沛公的军队！

沛公军队宣传部

关于对赵高的处罚通告

　　丞相赵高为人奸诈，不仅迫害朝廷重臣、排除异己，还要挟天子、图谋不轨。现判处赵高死刑，剥夺政治权利终身，并没收其所有财产，以谢天下。

秦王子婴

废帝号，称秦王

　　现决定废除秦朝皇帝的称号，改称秦王，与齐、楚、燕、韩、赵、魏六国并列。从此以后秦朝没有皇帝，只有秦王，特此公告天下。

秦王子婴

第 6 期
公元前206年

退守汉中

刘邦郑

穿越报
CHUANYUE BAO

【烽火快报】
- 一把火，天堂变地狱

【叱咤风云】
- 楚怀王成了"义帝"
- 项羽分封，沛公被逐
- 项羽的麻烦事儿

【名人有约】
- 特约嘉宾：项羽

【广告铺】
- "义帝"迁都
- "西楚霸王"诞生了
- 招贤令

【智者为王】
- 第2关

穿越必读 CHUANYUE BIDU

刘邦从鸿门宴中逃了出来，虽捡回一条小命，却也失去了称王关中的机会。项羽自封为"西楚霸王"之后，将刘邦封为汉王，打发到偏远的巴蜀之地，还削减了他的军队，让他自生自灭。刘邦会心甘情愿地接受这样的结果吗？

烽火快报
FENGHUO KUAIBAO

一把火，天堂变地狱
——来自咸阳的消息

鸿门宴后，刘邦退避霸上，项羽大军雄赳赳气昂昂地开进了咸阳城。和刘邦不同的是，项羽一去就展开了"三光政策"。

子婴被杀了，原秦朝的贵族大臣被杀了，无辜的百姓也被杀了。城里的珠宝、钱财和美女被洗劫一空，最后他还让人放了一把火，将咸阳宫烧了个干干净净。

杀光了，烧光了，抢光了，项羽准备带着他的财宝和美女返回江东。

有个叫韩生的读书人出来劝道："关中地势险要，土地肥沃，经济发达，如果在这里建立大本营，就可以称霸天下。"

这本是一个极好的建议，但项羽归心似箭，哪里听得进去，他说："富贵了而不回乡，如穿着漂亮的衣服在夜里行走，谁看得到啊！"

建议没有被采纳，韩生心情郁闷，对外发起了牢骚："都说楚人像戴了帽子的猴子，虚有其表，看来果真如此。"项羽听到这句话后，马上把他抓回来，活活煮死了。

来自咸阳的消息！

楚怀王成了"义帝"

火烧咸阳城后,项羽派人去彭城,向他的顶头上司楚怀王请示:秦朝已经灭亡了,我项羽立了大功,接下来该怎么办呢?

结果楚怀王回话说:"按照之前的约定办。"意思是既然是刘邦先攻入咸阳,那就应该是刘邦为王,入主关中。

由此可以看出,楚怀王是个性格刚毅的人。明知道项羽向来与他不和,只是把他当作名义上的领导,却还是拒绝与项羽合作。

可是,现在项羽战功卓越,要人有人,要枪有枪,要地盘有地盘,哪还会把一个"傀儡"大王放在眼里呢?

果然,项羽听后,暴跳如雷:"怀王是我项家拥立的,并非因为他建有什么功业,凭什么由他来做主呢!是谁率先起义,身披铠甲,手拿刀枪,冲锋陷阵,辛苦了三年之久,终于推翻暴秦、平定天下的?这都是各位将士和我的功劳啊!"将士们纷纷点头同意。

于是,项羽不再搭理熊心,从此也不再执行他的命令了。出于面子,他送给楚怀王一个"义帝"的荣誉称号。

为了不让"义帝"在身边碍手碍脚,项羽又找了个借口,说古代的帝王都居住在江河的上游地带,便将他打发到长江上游去了。

从此,项羽实际上成了各国诸侯的最高领袖。

项羽分封，沛公被逐

公元前206年二月，项羽自立为西楚霸王，定都彭城，管辖原魏国和楚国的九个郡。紧接着，他一口气封了十几个王（出于报道篇幅考虑，就不一一罗列了）。

不过，大伙最关心的是谁来做关中王。按理说，刘邦最有希望，因为他第一个破关入秦，当居首功，除了他还有谁有资格呢？

但是，最后的结果却令人大跌眼镜。关中之地被项羽一分为三，分给了原秦朝的三个降将（故关中又称"三秦"），一块分给了雍王章邯，一块分给了翟王董翳（yì），还有一块给了塞王司马欣，就是没刘邦的份儿。当然，项羽也没有忘记刘邦，封他做了汉王，不仅兵力被削减到了三万，而且封地在极偏远的巴蜀之地。

这是为什么呢？

原来，项羽和范增怀疑刘邦有夺取天下的野心，因此，关中之地是万万不能分给他的。但是，刘邦确实是先入关中，而且双方已经讲和了，就不好再违背约定，于是他和范增就想到了巴蜀之地。巴蜀之地位置偏远，四面环山，道路难行，是秦朝流放犯人的地方。最重要的

叱咤风云 CHIZHA FENGYUN

是，它也属于关中。

把刘邦分到这样一块鸟不拉屎的地方，就好比把蛟龙赶到了浅滩上，说好听点，是分封；说难听点，是放逐。而且关中之地安排三王坐镇，明摆着是为了防止他东进。

得知项羽的这个决定后，刘邦简直气炸了，嚷嚷着要和项羽拼个你死我活，周勃和樊哙等人拉都拉不住。

这时，萧何说了句话："到巴蜀称王虽然很惨，但也比送死强多了吧！"

刘邦很诧异："你凭什么认为我这是去送死？"

萧何回答说："以目前的实力来看，我们根本不是项羽的对手，和他打仗，明显是百战百败，不死才怪。巴蜀其实是个好地方（中间省略若干关于巴蜀的赞美词）。《周书》上不是说过，上天赐予你的好东西你不要，是要遭天谴的。现在最好的办法是服从分配，到那里称王，收揽民心，招纳贤士，累积财富，有朝一日，必能重夺关中。"

听了萧何的话，刘邦大受鼓舞，于是宣布接受分封。

接着，刘邦又让张良带着一大堆金银珠宝去找项伯，让他帮忙索要汉中。

俗话说得好，"拿人手短，吃人嘴软。"项伯收受了巨额贿赂后，极力为刘邦说好话。他告诉项羽："凡事不要做得太绝了，不如给刘邦加封一个汉中郡，以示安慰吧！"项羽答应了。

为什么刘邦这么想要汉中呢？因为汉中与关中之间只隔了一道秦岭，有了汉中，重返关中就容易多了。

XIHA YUAN 嘻哈园

鸿雁传书 HONGYAN CHUAN SHU

为什么受伤的总是我

穿穿老师：

　　您好！我现在正走在栈道上。这是穿越秦岭的必经之路，极为难行，大家都走得战战兢兢。可是有什么办法呢？路还是要走的。

　　倒霉的还不止这些。今天张良来向我辞职了，唉，他还是念念不忘他的复国梦，想回到韩王成的封地去。要知道，我刘邦能有今天，张良可是功不可没呀！他这一走，我又少了一个人才。为什么受伤的总是我呢？

汉王　刘邦

汉王：

　　您好！您就别唉声叹气了，留得青山在，不怕没柴烧。有个伟人说得好（别问他是谁），"星星之火，可以燎原。"更何况您还有这么多兵呢。而且，您现在要去的地方，被称作"天府之国"。您就偷着乐吧！

　　所以，您目前要做的，一是防止各路诸侯来侵犯，二是分散项羽对您的注意力，向他表示您没有东归的意思。这样，您就可以专心发展自己的势力了。相信这些，张良会给您安排好的。至于张良嘛，您别急，他迟早会回来的。

《穿越报》编辑

【刘邦听取张良的建议，烧毁了沿途的栈道。项羽知道后，果然放松了对刘邦的防备。】

百姓茶馆

我们都去追随汉王吧

听说汉王被流放到汉中了,身边居然只有三万士兵,这怎么能行?他可是我心目中的偶像啊。不行,我要去追随他,去汉中再创一番事业!

魏国士兵小魏

楚国将领老陈

我也是来投奔汉王的,虽然我是楚国人。为什么我这个楚国人不去跟随西楚霸王呢?有两个原因,一是我很仰慕汉王;二是霸王太残暴了,而且舍不得封赏有功之人。我希望在汉王的手下能一展宏图。

虽然项羽只给了汉王三万人,但是跟他一起进入汉中的人可不止这个数啊!我听说,诸侯军中有很多人都去投奔汉王了,看来,他的魅力还真不小啊!不知道这件事有没有引起项羽的注意?

驿站小厮

咸阳某茶馆老板

项羽哪有空注意他呀!他的麻烦多着呢!听说齐国那边又出问题了,就算有再多人去投奔刘邦,他现在也管不了那么多了。

项羽的麻烦事儿

项羽在咸阳封了一大堆诸侯王，前前后后总共有十八个之多。别以为这些诸侯王是随随便便封的，这可都是有标准的。只有听话的人才有这个资格，那些不听话的就被晾到了一边，比如说齐国的田荣。

田荣原是齐国宰相，齐王原是他的侄儿田市。据说项梁战死定陶之前，曾邀请田荣一起出兵对付章邯，可田荣没同意。所以，项羽认为叔叔的死，田荣也有过错。

因此，分封诸侯的时候，项羽将齐国一分为三，封了三个王，分别是齐王田都、胶东王田市和济北王田安，就是没有田荣的份儿。

田荣气得咬牙切齿。当然，他也不是吃素的主，既然项羽不给，那就自己去抢。没多久，他就赶走了田都，杀了田市，干掉了田安，重新控制了三齐大地，自立为齐王。

在这个过程中，他收编了彭越的队伍。彭越运气也不好，因为没有随项羽入关，又不是六国贵族后裔，也没有获得任何封赏，因此也对项羽心怀不满。

田荣封彭越为大将军，彭越立即投入了他的阵营，和他一起公开向项羽叫板。

除了田荣以外，还有一个名叫陈馀（yú）的人也对项羽很不满。陈馀原是赵国的大将军，其功劳也不小，却因为没有随项羽一同入关，只得了三个县的封地。

而原赵国的大丞相张耳却因为人缘好，又随项羽入关，被封为常山王。

陈馀知道后，大怒："张耳与我功劳相等，他都被封了王，我却只被封了个侯，这太不公平了！"

发了一通脾气后，他派人去拉拢齐王田荣，田荣也正在寻找同盟军呢，两人一拍即合。在田荣的帮助下，陈馀收复了赵地。

而张良一心想追随的韩王成，因为性格软弱，毫无战功，被项羽扣在彭城，根本不让他回到封地去，最后干脆把他贬为了穰（ráng）侯。

不久后，韩王成被人暗杀，韩国再次灭亡。这样一来，张良复兴韩国的梦就此破碎，他决定再次回到刘邦的阵营，帮助刘邦和项羽战斗到底！

面对这一连串的反叛，项羽会怎么办呢？

名人有约 MINGREN YOU YUE

项羽 特约嘉宾

越越 大嘴记者

嘉宾简介： 他是楚国贵族的后代，他是战功赫赫的军事天才，他是豪气冲天的盖世英雄，同时他也是残酷的战争魔头。他就是"西楚霸王"——项羽。

越越： 项王您好！久仰您的大名，今日一见，果然不同凡响。看您现在统率百万雄兵，想必是文韬武略，无所不精吧。

项羽： （打哈哈）这个嘛……我家是楚国的贵族世家，多少也有点底蕴。我从小跟着叔叔长大，他教了我好些东西呢！

越越： 他都教了您什么呀？

项羽： 当然是读书啦！我爷爷是楚国大将项燕，打仗自不必说，学问更是渊博。他的子孙自然不会差到哪儿去。

越越： 那您学得怎么样？

项羽： （欲言又止）这个嘛……我学了一段时间就放弃了。

越越： 为什么呀？

项羽： 读书识字也就能帮人记记名字，看看布告之类的，没多大意思，不学也罢！

越越： （汗）那您叔叔还教了您什么呢？

项羽： 叔叔自小习武，剑法好得很呢！男子汉大丈夫，总不能做个手无缚鸡之力的书生吧！所以他教我学习剑法。

越越： 那多威风啊，既能强身健体，又可行侠仗义，您一定学得不错，对吧？

项羽： （不好意思地）这个嘛……我学了一段时间就放弃了。

越越： （惊讶地）啊？为什么又不学了呀？

项羽： 剑法再好，那也只能用来打架。我觉得男子汉大丈

名人有约 MINGREN YOU YUE

夫，要学就学以一敌万的本领！

越越：（挠头）什么是以一敌万的本领？

项羽：兵法呀！

越越：难怪您这么爱打仗，原来您的兴趣在这里呀。

项羽：小时候，我的国家被秦国所灭，这种耻辱我一辈子都没法忘记。有一次，秦始皇到会稽来游玩，乘着大船渡河。我当时就跟叔叔说："总有一天，我会取代他！"

越越：可他还没等到您呢，就死了！

项羽：他死了，还有他儿子，儿子死了还有孙子。总之，我一定要斩草除根，灭他个干干净净！胡亥算他走运，没落在我的手里，还好有子婴在，我一刀就把他砍了，大快人心呀！

越越：（汗）子婴都投降了，您还杀他？要知道，秦朝的皇帝就是因为凶残成性，所以才引起了百姓的反抗，您就不怕成为第三个秦王吗？

项羽：错！正是因为秦王残暴，所以我才要推翻他，为天下黎民百姓出一口恶气。我这是仁义之举，你怎么能把我和秦王相提并论呢？

越越：好吧，就算秦王残暴，可是章邯带来的那二十万秦军降兵，他们是无辜的吧。他们向您投降，您却在一夜之间把他们都活埋了，这未免也太不人道了！

项羽：你没打过仗，所以不懂。那二十万秦军士兵非死不可。他们只不过是一时臣服于你，等时机到了，他们还是会反叛。这样的士兵怎么能长久地留在身边呢？只有杀了才是最安全的。

越越：（做投降状）好吧，看来我说服不了您。祝您好运！

101

广告铺

"义帝"迁都

自古帝王都居住在江河的上游地带,再加上彭城作为一国之都,在战争中太引人注目,义帝若久居此地,一不小心就可能遭遇不测。为国家社稷着想,请陛下与左右群臣都迁到郴(chēn)城去吧。那里位于长江上游,虽比不上彭城繁华,但也是一个安身立命的好去处。

项羽

"西楚霸王"诞生了

今暴秦已诛,天下再次一统。本王决定,将全国分为十八个王国,凡是有功之臣,均可得到封地。其中功劳最大的是原楚国上将军、鲁公项羽,今特封西楚霸王,定都彭城。

项羽

招贤令

为了壮我大汉军威,今特邀天下贤士与我共谋大业,如有不嫌弃我刘邦势单力薄,愿意和我一同去汉中,建设巴蜀之地者,请随时来找我。刘邦在此拜谢!

汉王刘邦

智者为王

ZHIZHE WEI WANG

第2关

智者无敌
王者为大

1. 刘邦和谁一起合兵进攻昌邑？
2. 郦食其帮助刘邦攻克了哪个县？
3. 赵高为何与刘邦联络？
4. 智取峣关是谁出的主意？
5. 胡亥死后，赵高拥立谁做秦王？
6. 秦王子婴何时宣布投降？
7. 收集丞相府、御史府各种典籍资料的人是谁？
8. 刘邦与项羽两人谁先入关？
9. 谁向项羽告密，说刘邦想称王，并封存了所有的财宝，还要任命子婴为相？
10. 与鸿门宴有关的两个成语分别是什么？
11. 带领二十万秦军投降项羽的人是谁？
12. 项羽自称霸王后，定都在哪里？
13. 楚义帝被项羽赶去了哪里？
14. 项羽一共分封了多少个诸侯王？
15. 田荣与谁结成同盟反抗项羽？

103

第 7 期
公元前206年-公元前205年

穿越报
CHUANYUE BAO

汉王拜将

【烽火快报】
- 萧何月下追韩信

【绝密档案】
- 落魄男儿当逃兵

【叱咤风云】
- 粮草官成了大将军
- 大将军果然有本事
- 略施小计，项羽上钩

【名人有约】
- 特约嘉宾：刘邦

【广告铺】
- 陈平升官
- 新韩王听令
- 声讨霸王

穿越必读 CHUANYUE BIDU

汉王刘邦带着一肚子的委屈，回到自己的封地，重返关中的梦想似乎变得很遥远了。但是，汉王的运气就是这么好，他遇上贵人了，这个人就是韩信。韩信是什么样的人呢？他有什么本领可以帮助汉王重返关中呢？

烽火快报

萧何月下追韩信
——来自刘邦大军的加密快报

公元前206年七月的一个晚上,刘邦军中一片混乱,因为刚刚发生了一件大事——丞相萧何逃跑了!

本来,汉中和关中相隔千里,交通不便,许多人还没到目的地,就犯起了"思乡病",纷纷逃跑。甚至连刘邦本人也自嘲,再这样下去,他可就真成孤家寡人了。

可是这次非同小可,因为逃跑的不是别人,是刘邦刚封的丞相!这到底是怎么回事呢?

记者经过一番打探,终于发现了事情的真相:原来,萧何并非逃跑,而是去追一个叫韩信的人。

这个韩信原是项羽的部下,因一直未得重用,就转投到刘邦麾下,哪知还是未得重用,一气之下就逃跑了。

萧何听后,大惊失色,连个招呼都没打,就骑上马亲自追了出去。他追啊追,一直到月亮再度出来的时候,才在一条小河边追上韩信。苦苦相劝了半天,韩信才跟随他回到汉中。

韩信是什么人,居然可以让一向谨慎的萧丞相如此冲动呢?请看本报接下来的报道。

来自刘邦军营的加密快报!

绝密档案 JUEMI DANGAN

落魄男儿当逃兵

萧何为什么如此赏识韩信，宁可冒着被汉王治罪的危险，也要将他追回呢？这一切得从韩信说起。

如果说刘邦是"无赖"出身，韩信就更好不到哪儿去。韩信是淮阴人，性格孤傲。他年少的时候因为家里穷，做不了官，又不懂经商，便常常到别人家蹭饭吃。

一位亭长看好他，让他到家里来吃饭。韩信也不推辞，天天跑去蹭饭。吃了好几个月，人家也不耐烦了，一大早就把饭煮好，夫妻吃完之后又继续睡觉。等韩信来吃饭的时候，两个人磨磨蹭蹭不起来。韩信明白了他们的用意，恼羞成怒，从此再也不去亭长家了。

没有饭可蹭了，韩信就跑去河边钓鱼吃。一位洗衣服的老大娘见他可怜，就经常给他带饭。韩信感动地说："等我将来发达了，一定报答您！"

老大娘一听，生气了："你年纪轻轻的，却连自己也养不活，我是可怜你才给你饭吃，难道是贪图你报答吗？"

虽然连自己也养不活，但韩信却常常佩带一把长剑，在众人面前晃来晃去。要知道，当时能佩剑的只有三种人，一种是士兵，一种是官吏，还有一种是贵族。韩信一不是兵，二不是官，三不是贵族，这让有些人看了很不舒服。

有一天，淮阴城里一个屠夫拦住他的去路，轻蔑地说："你虽然长得高大，还带着长剑，但其实是个胆小鬼！"

韩信不想理他，想走开，那人却得寸进尺，当众羞辱他

JUEMI DANGAN 绝密档案

说:"你要是不怕死,就拿剑刺我;要是怕死,就从我的胯下爬过去。"

士可杀不可辱!围观的人都以为有一场好戏看。没想到,韩信手握剑柄,眯着眼睛盯着那屠夫看了半天,把那人看得心里直打鼓,此时却见韩信慢慢地趴在地上,从他的裤裆下爬了过去。

围观的人都哈哈大笑,认为他是个懦夫,是个孬种,还给了他一个"雅号"——"胯下之徒"。

无法在家乡继续待下去,陈胜、吴广起义后,韩信去投奔项梁,成了一名默默无闻的小兵。项梁死后,项羽提拔他做了个郎中(相当于贴身侍卫)。为了展示自己的才华,韩信多次给项羽出谋划策,可惜项羽根本不搭理他。

韩信心灰意冷,又跑去投奔汉王刘邦,但依然只是当了个管理仓库的小官。

后来,韩信犯了法,要被斩首。同案的十三个犯人都已经被处决了,轮到韩信时,他抬起头,一眼看到监斩官夏侯婴,便冲他愤愤地说:"汉王不是要打天下吗?为什么还要杀掉壮士呢?"

一个要死的人,居然说出这等话来!夏侯婴当场被震住了,觉得他很不一般,便下令放了他。一番交谈之后,更是如获至宝,对他佩服得不得了,马上向刘邦推荐。

可惜,刘邦觉得他普普通通,没什么特别之处,连正眼都没瞧他一下,只给他封了个管理粮草的官职,由后勤部统辖。

后勤部的"老大"是萧何。萧何发现他有胆有识,是个天下无双的军事家,也几次建议刘邦重用。但刘邦却觉得他没有什么出众之处,总决定不下来。

见刘邦根本不看重自己,韩信便骑着马逃走了。

叱咤风云 CHIZHA FENGYUN

粮草官成了大将军

韩信是追回来了,可是,因为事情紧急,萧何没来得及请示刘邦。刘邦不知道个中缘由,还以为丞相也逃跑了,又是惊讶,又是生气。

看到萧何回来了,刘邦虽然心中欢喜,却还是吹胡子瞪眼睛地质问道:"我都封你做丞相了,你还有什么不满意的,竟然要逃跑?"

萧何回答说:"我不是逃跑,我是去追逃跑的人。"

刘邦问:"你追的是谁?"

萧何说是韩信。刘邦感到难以置信,不以为然地说:"军中逃跑的将军那么多,也没见你去追,为什么偏偏去追一个管粮草的?你这不是在忽悠我吗?"

萧何一本正经地答道:"诸将易得,韩信却是独一无二的人才,跑了的话,就再也找不到第二个了。大王如果只是想做个汉王,没有韩信也没什么关系;而如果想做全天下的王,那就非得用韩信不可。您是要做汉王,还是要打天下呢?"

刘邦回答:"当然是打天下啦,我待在这鬼地方都快闷死了!"

萧何便说:"大王如果能重用韩信的话,他就会留下来,帮您打天下。"

既然萧何这么说,刘邦也不好再拒

绝，便说："好吧，看在你萧何的面子上，我就让他做个将军好了。"

"只让他做个将军，他还是会跑的。"

做将军还嫌官小，简直有点不可思议。但是萧何如此看重他，刘邦只好答应说："那就拜他做大将军好了！"萧何这才满意。

刘邦让萧何马上去把韩信叫过来，拜他做大将军。

萧何听了，觉得不妥，便告诉刘邦，拜大将军不能这么随便，一定要沐浴更衣，筑好将台，举行一个隆重的仪式才行。刘邦没办法，只好命人造了一座拜将台，选了个吉日，召集文武百官，准备登台拜将。

消息传来，刘邦手下的大将如樊哙、周勃等人，个个都很欢喜，以为拜的大将是自己。所以，到了登台那天，当汉王把金印交给韩信时，台下的人惊得下巴都快掉了。韩信只是个无名小卒，汉王怎么会选他当大将军呢？

虽然有疑惑，但看到汉王和丞相虔诚的态度，大家也就接受了这个结果。

就这样，韩信从一个管粮草的小官，摇身一变成了大将军，统领汉军所有兵马。汉王和丞相的眼光到底如何，我们拭目以待。

嘻哈园 XIHA YUAN

大将军果然有本事

既然都拜了大将军了，总得拿出些真本事。汉王便问韩信："丞相几次向我隆重推荐你，将军有什么好计策帮我呢？"

韩信回答说："与大王争天下的人中，最强的对手不就是项羽吗？您觉得您和项羽相比谁的实力更强大呢？"

刘邦想了想，老老实实地回答："当然是项羽。"

韩信笑了，说："我也觉得您不如项羽。然而，我曾在项羽的手下做过事，很清楚他的性格和弱点。项羽一声怒喝，上千人都吓得一动不敢动，但是，他只懂杀人，不懂用人，他的勇猛不过是匹夫之勇。

"项羽对自己的士兵虽很照顾，看到士兵生病、受伤会流泪，会把自己的饭分给他们吃。但是，在别人有功应该封官时，他却把刻好的印章拿在手里把玩，直到磨掉了棱角，也舍不得给人家。所以，他的仁慈不过是妇人之仁。"

说完了项羽的为人，韩信又指出了项羽所做工作的失误。

"项羽虽然称霸天下，却把都城定在彭城，而没有定在关中，这使他失去了天下的政治、经济中心；背弃与义帝的约定，凭自己的好恶封王，诸侯对此忿忿不平，弄得天下一片大乱。

"更主要的是，项羽的军队残暴不仁、军纪败坏，老百姓对他们敢怒不敢言。别看他名义上是天下的领袖，实际上早已失

叱咤风云

去了民心！"

听了韩信这番话，刘邦振奋不已，暗暗后悔没有早点认识他。

敌人的失误就是自己的机会。针对以上情况，韩信建议刘邦反其道而行之，提出三点建议。

第一，用人大胆点，任用天下真正的贤人勇士。第二，分封大方点，将天下城邑（yì）分给有功之臣。第三，打仗聪明点，手下的关东士兵一心想着打回老家去，此时不打何时打！

可是，出汉中进关中，项羽派了"三只大老虎"（指章邯、司马欣、董翳）盯着他呢！

当然，韩信也想到了这点，但他认为，章邯三人过去都是秦朝的将领，不少秦兵跟着他们出生入死，他们却带着二十万秦兵向项羽投降，结果这些秦兵全部被项羽活埋，唯独他们三个没死，还被封了王，百姓早就对他们恨之入骨了。

"而大王您进入关中时，与百姓约法三章、秋毫无犯，还废除了秦朝的严刑苛法，百姓都希望您留在关中。根据楚怀王的约定，您应该在关中称王，项羽破坏约定，将您贬到汉中，老百姓都为您抱不平。所以，只要大王向东发兵，发布一道征讨的文书，就可以平定三秦！"

一席话说得刘邦热血沸腾，当即决定，立刻攻打关中！

一场轰轰烈烈的战争就要打响了！刘邦是否能如韩信所说，打败不可一世的楚霸王呢？本报记者将同刘邦大军一起赶赴前线，继续追踪报道。

鸿雁传书

HONGYAN CHUAN SHU

明修栈道，暗度陈仓

穿穿老师：

　　您好！听说刘邦那边来了个无双国士，我紧张了半天。没想到，此人出的高招居然是"修路"，就是把以前他们自己烧掉的五百里栈道修起来，承包这个工程的"头儿"是樊哙。依我看，樊哙对这工作十分不满，因为工程进展相当缓慢。也难怪，在崇山峻岭中修这样的一条路，不但费时、费力，还费钱，关键是你才烧了，又让人家重修，这不是折腾人吗？

　　看来，这条路一时半会儿是修不好了，我是不是该跟霸王请示一下，休个长假呢？哈哈！

雍王　章邯

雍王：

　　您好！送您一句话，任何时候都不要把对方看得太简单了。刘邦军队里新晋的这位大将军可不是平庸之辈，或许他用的是障眼法呢？

　　据我所知，除了栈道，您那里还有一条路可以穿过秦岭山脉。这个路上有一个小小的关卡，叫陈仓，易守难攻。如果过了这个地方，你们就再也挡不住汉军了。这条路一般人都不知道，估计您在地图上也找不到。建议您赶紧加派人手，前去支援陈仓，谨防汉军从这里出其不意地杀出来。

《穿越报》编辑　穿穿

【韩信一面派人"明修栈道"，另一面亲自带领一队人马"暗渡陈仓"。章邯毫无准备，兵败自杀，塞王司马欣、翟王董翳投降。汉军迅速占领了关中大部分土地。】

叱咤风云 CHIZHA FENGYUN

略施小计，项羽上钩

刘邦以迅雷不及掩耳之势平定了三秦，消息很快传到了项羽的耳朵里。项羽听了大发雷霆，立即准备发兵攻打刘邦。这边刘邦还没来得及喘口气呢，如果真要和项羽硬碰硬的话，刘邦一点儿把握也没有。

幸运的是，还在韩地的张良帮了他一个忙，张良给项羽写了一封信，说："刘邦被封为汉王，可是封地却在巴蜀，他平定三秦，只不过想得到关中这块土地而已。现在他已经得到了，就不会再向东扩张了，大王尽可放心。"

当然，一封信还不足以拖住项羽。巧的是，这时从齐国传来一个消息：田荣联合赵王歇公开背叛项羽，给每个诸侯王写了封信，号召大家声讨项羽。

张良灵机一动，把这封反叛信转交给了项羽，并告诉他："齐国和赵国联合起来反叛您，您要多加防范才是！"

项羽接到张良的信后，就像吃了定心丸，原本对刘邦的怒气，一下子转移到了田荣身上。他带领军队，雄赳赳、气昂昂地朝北方行动。而张良如"鞋底抹油"，穿上便服，抄小路离开韩地，回到了刘邦的身边。

趁项羽和田荣开战之际，刘邦一路势如破竹，顺利收复了河南国、韩国、西魏与殷国，取得了中原的大部分地区，站稳了脚跟。

给项羽

百姓茶馆

陵母伏剑

没想到，汉王真向霸王叫板了！那汉王的家人就危险了，霸王肯定不会放过他们的。不过，幸好汉王已经想到了，据说已经派了两位将军去与王陵将军会合，准备把吕太公和吕夫人接回来呢！

咸阳信使张百里

咸阳茶馆王老板

这王陵和汉王原本是同乡，也是一方豪杰，汉王当年把他当兄弟一样看待，可他却瞧不起汉王的出身，自己召集了数千人在南阳起兵，不愿跟随汉王。这人靠谱吗？

项羽已经先下手了，他把王陵的母亲接走了，好吃好喝地伺候着，想利用她来劝儿子归顺自己。哪知王母宁死不屈，伏剑自杀了，为的就是让王陵不要因为她对汉王有二心。唉，真是位伟大的母亲啊！

咸阳车夫老陈

米店秦掌柜

但她这么做，让项羽那厮的计划落了空，项羽大怒，把她的尸体给煮了！真是没人性啊！逼得王陵不得不投奔了汉王，现在全天下的人心都跑汉王那边去了。项羽还能得天下吗？

名人有约 MINGREN YOU YUE

刘邦 特约嘉宾

越越 大嘴记者

嘉宾简介： 现任汉王。虽然被项羽打发到一个鸟不拉屎的地方，但他也因祸得福，得到了不少精兵良将。现在的他，成了与项羽势均力敌的对手，可以说是咸鱼翻身。让我们领略一下汉王的风采吧！

越越：汉王您好，又见面了。恭喜您收复三秦之地，收复中原！

刘邦：哈哈，这都是张良、韩信他们的功劳啊！

越越：主要是您领导有方，才有这么多人肯跟着您，您看（掰手指头），萧何、周勃、张良、韩信……我都数不过来了！

刘邦：哈哈！这是大家看得起我！你去告诉大家，觉得自己有才华的，尽管来找我，我等着呢！

越越：汉王有如此胸襟，小生实在佩服。不过，最近在你们军中，因为您重用了一个人，还让他与您同乘一辆车，大家都对此非常不满，包括您的老朋友周勃等人。这是怎么回事？

刘邦：你是说陈平陈都尉吧？关于他的风言风语确实挺多的，说他这个人作风不好，老是换主子，有时还接受别人的贿赂，可见品行不端。

越越：那依您看呢？

刘邦：开始我只是一笑了之。但架不住他们人多嘴杂，听得多了，我就把他的介绍人魏无知找来，问他为什么要介绍这样一个行为不端的人给我。

越越：魏无知是他的好友，要么就是为自己开脱，要么就是为他说好话了。

名人有约

刘邦：（摇摇头）都不是。他说，品行和才能不是一回事，他推荐的是陈平的才干，不是他的品行。还说要是一个人讲信用、守孝道，但没有才干，又怎能带兵打仗呢？

越越：他说得貌似有道理……我好像拿不出什么话来反驳他。

刘邦：所以说吧，这个魏无知才是陈平的伯乐。

越越：那陈平自己三易其主，又是什么原因呢？

刘邦：这个我问过他本人，他是这么解释的：魏王不采纳我的主张，所以我离开了他；项羽任人唯亲，我感到失望；听说您很会用人，我这才来投奔您。

越越：这么说，他每次"跳槽"都是有原因的，"良禽择木而栖"，可以理解。他这么选择，恰恰说明他不是随便混日子，是真心想做点事的。

刘邦：嗯，他说收取贿赂也是因为刚来此地，身上没钱，所以先收着。如果以后他的计策没有用，他一分不要！

越越：这种人倒也坦率，跟您是一类人啊！

刘邦：嗯，这小子很多想法都跟我一样，时不时出些鬼点子，我喜欢！哈哈！

越越：相信有了这些人才，汉王的帝王霸业指日可待。不过，您现在的风头都快盖过霸王了，霸王不会坐视不理吧？

刘邦：别担心，吉人自有天助。现在，田荣不是在帮我打他嘛？估计他一时半会儿没空理我呢。

越越：那万一他打回来……

刘邦：不用急，我心中有数，下一步的计划我早已经想好了。我要名正言顺地打他！让他在全天下人面前抬不起头来！

越越：（急切地）什么计划？可以稍微透露一下吗？

刘邦：哈哈，这可是军事机密，现在无可奉告！小子，你就等着看好戏吧，哈哈！我先走啰！（挥手离去）

广告铺

陈平升官

本王与陈平一夜长谈后，现决定，安排他担任都尉一职，同时兼任参乘（编者注：官职名称，古代君王出行，与君王同车或立于其右的人）、典护军二职，主管监督、检查三军将士的工作。

即日起执行。

汉王刘邦

新韩王听令

韩王成和叛军刘邦狼狈为奸，背叛楚军，所以将他斩首，以儆效尤。现封郑昌为新的韩王，带兵抵抗汉军，不得有误。

西楚霸王项羽

声讨霸王

西楚霸王项羽为人残暴、迫害百姓、假公济私、任人唯亲。我齐、赵两国与其势不两立，现决定联合起兵，消灭项羽，望各位诸侯一齐响应。

田荣、赵歇

穿越报
CHUANYUE BAO

第 8 期
公元前205年－公元前202年

楚汉相争

【烽火快报】
- 一起杀向霸王的老巢！

【叱咤风云】
- 项羽半夜偷袭，刘邦死里逃生
- 陈平巧计除范增
- 李代桃僵，再次捡回一条命
- 两个"邻居"
- 那一箭的威力
- 垓下悲歌，霸王别姬
- 永别了，江东的父老乡亲们

【名人有约】
- 特约嘉宾：项羽

【广告铺】
- 项贼的十宗罪
- 送战死的士兵回家
- 招兵启事

穿越必读 CHUANYUE BIDU

为了争夺天下，刘邦和项羽展开了一场为期四年的楚汉之争。两人都是英雄人物，都一样有雄心壮志，但不一样的性格，注定了两人不一样的结局。

烽火快报 FENGHUO KUAIBAO

一起杀向霸王的老巢！
——来自彭城的加密快报

公元前205年，一个令人震惊的消息传遍天下——汉王刘邦率领五十多万诸侯军，轻而易举地拿下了项羽的老巢——彭城！

咦，刘邦只是一个诸侯王，凭什么统领各路诸侯军呢？各路诸侯为什么会乖乖听从他的指挥，合力讨伐项羽呢？

原来，刘邦南下攻楚，经过河南时，遇见一位名叫董公的老者。董公拦住刘邦的军队，哭着向他报告了一个消息——义帝被项羽杀了！

刘邦听后，立即听从董公的建议，郑重其事地为义帝发丧。在祭坛上，刘邦放声大哭，旁边的人也没有一个不伤心的。

与此同时，他向各路诸侯发出了讨项檄文。天下诸侯看了也都义愤填膺，纷纷响应。

而刘邦他们之所以能够轻易地拿下彭城，是因为项羽在城阳大败田荣后，又率军杀到北海，一路烧杀掳掠，激起了齐国人的强烈反抗，反过来将项羽困在了城阳。

利用这个机会，刘邦率军一举攻破了彭城。

XIHA YUAN 嘻哈园

叱咤风云 CHIZHA FENGYUN

项羽半夜偷袭，刘邦死里逃生

听到彭城失守，正在齐国打仗的项羽气得差点吐血。

不过，战神不愧是战神，他当即决定，兵分两路——一路留在齐国继续战斗，给敌人造成假象；另一路随自己赶往彭城，消灭刘邦！第二天清晨，项羽带着三万骑兵杀向了彭城。

有没有搞错，三万骑兵对付五十多万人，这是进攻吗？分明是自杀！

就在大家为这一仗捏一把汗的时候，奇迹出现了！

项羽居然带兵绕到彭城后方，半夜不声不响地从萧县发起了进攻！这一招实在出其不意，汉军压根儿没想到项羽会来这一招，还正在做梦呢，就听到有人喊："霸王杀回来啦！""霸王杀回来啦！"

这一声声惊呼，吓得汉军抱头鼠窜，几十万大军顿时作鸟兽散，向南逃窜。楚军穷追不舍，一直追到睢（suī）水一带。诸侯军争先恐后地抢渡，大家你踩我、我踩你，最后十几万人落水身亡，尸体把河水都堵住了。

与诸侯军不同的是，刘邦选择了向北而逃。项羽对他特别"关照"，一路紧追不放，最后将刘邦重重包围起来，连只蚊子

叱咤风云

也飞不进去。

眼看小命不保,谁知这时,一件意想不到的事情发生了——一阵大风从西北方刮来,霎时间天昏地暗、飞沙走石,楚军被吹得阵脚大乱,四散奔逃。刘邦趁乱带着几十人马溜之大吉。

刘邦逃出来后,原本打算回沛县将家人一起接走。可惜的是,家人已经四散逃命。途中,刘邦碰见了自己的一双儿女(即后来的汉惠帝刘盈和鲁元公主),就把他们带上车,向西逃去。

眼看楚军的骑兵又追了过来,刘邦十分着急,害怕人多了,车子走得慢,便把儿女一齐推下车去,以减轻重量。

但是每推一次,夏侯婴都停下车来,将两个孩子重新抱上车。这样跑跑停停、停停跑跑,让刘邦十分恼火,恨不得当场杀掉夏侯婴。尽管如此,夏侯婴依然拼死护着孩子。

刘邦这样做,引起了不少人的非议,有人说,"虎毒不食子",刘邦这样做,简直不是人!有人立马反驳,战争中,既然每个士兵都可以为刘邦去送死,刘邦的孩子为什么不可以牺牲!刘邦这样做,恰恰是为了保护自己的将士啊!

不过,不管怎样,在夏侯婴的保护下,两个可怜的孩子总算脱离了险境。

相比之下,刘太公和吕雉可就没有那么幸运了,他们路上没碰到刘邦,倒是碰见了赶来的楚军。两人一同被楚军押回军营,成了项羽的人质。

陈平巧计除范增

彭城战败后，刘邦带着残兵败将逃到荥（xíng）阳，之后派韩信带兵击退追兵，得到了喘息的机会，与楚军对峙了一年多。

在这段时间里，刘邦知道他打不过项羽，便采取迂回的策略，一面养精蓄锐，加强关中建设，一面派韩信开辟北方战场，收复了黄河以北的大部分土地。

第二年冬天，项羽终于等得不耐烦了，带领大军将荥阳城围了个水泄不通，还截断了汉军的粮草补给线。

刘邦陷入断粮的恐慌中，赶紧派人跟项羽议和，答应除了荥阳西面的土地，其他的全部让给项羽。

可亚父范增不吃这一套，整天对项羽说决不能讲和，要趁这机会，一鼓作气攻下荥阳。项羽听从了范增的建议，加大了攻击力度。

眼看汉军形势危急，刘邦忧心忡忡、一筹莫展。

这时，陈平想出了一条计策。他买通部分楚军的将领，在楚军中散布谣言："范增和钟离昧功劳最大，但却得不到应有的待遇，心中很不满，所以他们准备杀掉项羽，瓜分他的土地。"

叱咤风云

项羽一向多疑，听到这些话，便对这二人起了疑心。为了弄清真相，他派使者前往汉营探个虚实。

这正好中了陈平的计。陈平不但摆了一桌极其丰盛的酒席来招待使者，还将范增大加赞扬一番，然后凑到使者的耳边，悄悄地问："亚父范增有什么吩咐？"

使者觉得奇怪，便说："我是霸王派来的，不是亚父派来的。"

陈平一听，故意装作吃惊的样子说："哎呀，我还以为你是亚父派来的人呢！"说完便离开了，还命人撤去酒席，换了一桌简单的饭菜。

使者回营后，将事情一五一十地报告给项羽了。

项羽本来就对这个天天对他指手划脚的老头儿不满，听了报告，立即下令，削去范增的兵权。

范增发现项羽对他的话置之不理，知道霸王怀疑自己，便试探着对项羽说："天下大局已定，项王一定会成功！我年纪大了，身体又不好，留下来也出不了什么主意，请大王准我告老还乡。"

没想到项羽竟然毫无挽留，当即准了！范增只好怀着巨大的委屈，离开了楚军营地。

想到自己一把年纪，对楚国忠心耿耿，却换来这样的猜忌和怀疑。他越想越气，再加上年纪大了，在回乡的路上因背疽（jū）发作，还没到家就一命呜呼了。

就这样，陈平运用妙计，成功地除掉了项羽身边最得力的助手。

李代桃僵,再次捡回一条命

陈平的反间计成功了。可是,刘邦和陈平还没来得及庆贺,项羽就缓过神来,明白自己中了计,一怒之下,率军猛攻荥阳。

守是死,突围也是死!怎么办?张良、陈平等智囊团也束手无策。

就在这时,一个叫纪信的将军站了出来,说他有一个办法。

什么办法呢?就是找人冒充汉王,向楚军诈降,让汉王趁乱逃走。

大家一下明白了他的想法。原来,这纪信与刘邦长得很像,都留有一副漂亮的胡子,身材魁梧,风度翩翩。

计划开始了。

为了避免牺牲更多的将士,陈平找来两千名女子,让她们穿上兵士的盔甲,到了半夜时分,一批接着一批,簇拥着纪信出了东门。

CHIZHA FENGYUN　叱咤风云

其他三门的楚军见了，立刻全都被东门吸引了过来。

而纪信穿着华美的王服，乘着气派的汉王专车，缓缓驶向楚军营地。直到走到项羽面前，纪信才开口说："我军的粮食已经吃完了，我出来投降。"

项羽一看，这哪里是汉王，分明是个冒牌货，于是大怒道："汉王在哪里？"

纪信回答说："已经出城了。"

原来，趁楚军围攻东门时，汉王已经带着人马从西门逃走了。

项羽这才知道又上了当，一怒之下，把纪信活活烧死了。

鸿雁传书 HONGYAN CHUAN SHU

大丈夫能屈能伸，唉！

穿穿老师：

您好！丢了荥阳，我的心情十分悲痛。举目四望，现在只有北渡黄河，去找韩信调军了。

可是他最近做了一件让我不爽的事，我被围困荥阳时，天天等他发兵救援，等啊等啊，等来的却是一封信，他居然要求我立他为"假齐王"。这不是要挟我吗？我当场就破口大骂，幸好张良、陈平暗暗踩我的脚，悄悄对我说："现在不是指责他的时候，当务之急是先笼络住韩信，得到他的支持。"

唉，大丈夫能屈能伸，我当时就明白了，马上改口"骂"道："大丈夫要做就做真王，做什么假王！"之后，立即派张良作特使，封他做了真王，这回他满意了。

一想到现在又要去求他，不知会面临什么状况，唉！

刘邦

汉王：

您好！对您的苦恼我也略知一二。自从开辟北方战场后，韩信的胜仗一个接一个，不但灭了赵国，还灭了齐国，可说是立了大功。

这次他居然要挟您，显然是乘人之危。但韩信才能过人，您现在拿他也没有办法，暂时稳住他是对的。

不过，现在您去找韩信很危险，万一韩信不买账，这就可能是死路一条。所以，找到韩信，如果他拒绝交出兵权，你们该怎么办？您要想好对策，别让自己辛辛苦苦打来的江山，落到了别人手中啊！

《穿越报》编辑

【第二天天一亮，刘邦一行自称特使，闯进韩信大营，趁韩信正在熟睡的时候，拿到帅印，收回了他的军队指挥权。】

叱咤风云

两个"邻居"

得到韩信的军队后，刘邦又有了本钱，他重整旗鼓，决定再次南渡黄河，和项羽一决雌雄。

他一面派彭越等人继续骚扰项羽后方，又烧又抢；一面集中兵力，向成皋（gāo）（今河南省荥阳市西）发起进攻。

项羽果然中了计，为了后方安全，掉头去收拾彭越。

临走之前，他把成皋交给了大司马（相当于今国防部长）曹咎和塞王司马欣，并嘱咐他们："不要和汉军交战，死守即可。我十五天后就回来。"

然而，就在这十五天内，形势发生了变化。

一开始，曹咎还很听项羽的话，决不出战。

但刘邦怎么会放弃这样一个好机会呢？他不断派人上前辱骂，一连骂了五六天，曹咎受不了了，一定要出城迎战，别人怎么劝他都不听。

汉军见曹咎上了钩，

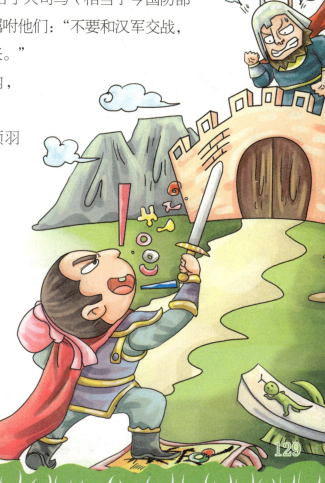

叱咤风云 CHIZHA FENGYUN

仗没打几下,就开始逃。曹咎以为汉军怕了,赶紧追了上去。没想到追到氾(sì)水时,遇刘邦的埋伏,大军一败涂地。

之后,曹咎和司马欣觉得无颜再见项羽,双双自刎。

听到这个消息,项羽立马赶了回来。见项羽回来,刘邦又使出他的"绝招"——逃!

楚军一路急追,一直追到广武山。汉军占据高处,不断向下射箭。项羽见这里地势险要,便下令在鸿沟东岸驻扎下来。

有意思的是,两军隔沟相望,连彼此的鸡鸣狗叫都听得见。

两个"邻居"会握手言和呢,还是"老死不相往来"呢?请看本报接下来的报道。

BAIXING CHAGUAN 百姓茶馆

项羽要烹"父亲"?

隔着一条鸿沟，已经好几个月了，双方好像都奈何不了对方，看起来势均力敌啊！唉，这仗没法打了！

村民李老头

佃农刘老三

我看未必。汉王每天有吃有喝的，日子过得舒服得很！相比之下，项羽就难过了，北边有韩信威胁，后方又有彭越骚扰，粮草供应严重不足。要是刘邦一直不出战的话，肯定会把他拖垮的。

项羽已经被逼急了！他派人把刘太公和吕雉从彭城带来，把太公绑在一个高脚案板上，并架了一口大锅，威胁刘邦：要是再不投降，就把太公给煮了！

包子张

楚兵甲

只可惜这招对汉王没用。汉王说，他们曾义结金兰，所以太公也算是项羽的父亲。如果项羽一定要煮了自己的父亲，希望他也能分杯肉汤给自己。唉，你们听，这像一个儿子该说的话吗？这汉王也太冷血了吧！

汉王即使投了降，也不一定保得住太公，还不如赌一把。这不，项王虽然气得直跺脚，可最后还不是把太公给放了吗？

楚兵豆豆

那一箭的威力

眼看刘邦连自己的父亲都不当回事，项羽没辙了，又向他提出了单打独斗的要求。

刘邦哪是项羽的对手，他回答道："我宁愿跟你斗智，也不会和你斗力。"

见刘邦整天高挂免战牌，项羽火了，天天派人去骂阵。骂一天还行，天天骂，汉军有人受不了，嚷嚷着不要当缩头乌龟。

于是刘邦找来一个神箭手，把那些前来骂阵的人一一射杀了。

项羽大怒，亲自上阵大骂。神箭手张弓搭箭，准备射击。项羽双眼一瞪，目如闪电，同时，大喝一声，如虎啸狮吼，吓得神箭手一溜烟奔回了营内，再也不敢露面了。

没办法，刘邦只好站了出来。还没等项羽反应过来，刘邦就噼里啪啦地把项羽的罪状给抖落了出来：

"如今，我率领正义之军，和各诸侯一起讨伐你这贼人，何必与你单挑！"

项羽听了，勃然大怒，使了眼色，楚军的弓箭手立刻拈弓搭箭，一箭射中刘邦的胸口。刘邦身体一晃，倒了下去。

主帅受伤，汉军士气必定会大跌。

刘邦急中生智，蹲下来摸着脚说："这贼子射中我的脚趾了！"

事后，因为受伤，刘邦不得不卧床休息，张良担心军心不稳，坚持让刘邦去军中抚慰将士。

于是刘邦强撑着受伤的身体巡视军营。将士们一看汉王身无大恙，便都松了一口气，继续和楚军对抗。

垓下悲歌，霸王别姬

现在是公元前203年九月，刘邦和项羽在广武山相持不下已近一年。双方都开始出现了疲惫的状态。

刘邦累了，项羽也累了。可能不能打赢对方，谁也没把握。

于是，刘邦主动向项羽提出议和，希望把自己的老婆和父亲放出来。

几次谈判后，双方就此罢兵，握手言和，并签订了盟约，以鸿沟为界，中分天下，东边归楚，西边归汉，互不侵犯。

将士们听到这个消息，都欢喜不已，齐呼"万岁"，可见大家都厌倦了这场战争。

盟约订立之后，项羽引兵东归，刘邦也打算带兵归汉。

就在这个时候，张良和陈平却站了出来，说："如今汉王占据了天下三分之二的土地，各诸侯王又都站在您这边，正是消灭项羽的最佳时机。假如不将他斩草除根，就等于放虎归山，后患无穷啊！"

刘邦恍然大悟，立刻背弃盟约，让韩信、彭越、英布等率领三十万大军，将十万楚军层层包围在垓下（今安徽省灵璧县境内）。

三十万对十万，一场生死决战就此展开！

在汉军一次又一次地攻击下，十万楚军阵亡四万，两万被俘，两万逃走，只剩下两万人追随项羽负隅顽抗。

叱咤风云

CHIZHA FENGYUN

此时，楚军中的粮食也已经吃光了。到了晚上，将士们又冷又饿，沉沉睡去，睡到半夜，不知从哪里传来阵阵歌声，仔细一听，原来是楚地的歌谣。楚兵们听了，一个个都思念起家乡来，斗志全无。

睡梦中的项羽听到歌声，大惊道："难道连楚地都被汉军占领了吗？为什么他们那边那么多楚人？"

他看了看心爱的妃子虞姬，又看看那匹骑了五年的乌骓马，绝望地唱道：

"力拔山兮气盖世。

时不利兮骓不逝。

骓不逝兮可奈何！

虞兮虞兮奈若何？"

歌的大意是，"我力大无穷，能够拔起一座山，但时运不济，就连心爱的乌骓马也跑不动了。马儿跑不动了怎么办？虞姬呀虞姬，我又该拿你怎么办？"

虞姬听了，泪如雨下，说："如今四面楚歌，大王还是早点突围吧。"为了不连累项羽，说完她便拔剑自刎了。

项羽悲愤交加，骑上骏马，带领八百多名壮士，趁着夜色冲出了重围！

项羽能够死里逃生，回到故乡江东吗？请看记者接下来的报道！

叱咤风云 CHIZHA FENGYUN

永别了，江东的父老乡亲们

得知项羽逃亡，刘邦赶紧命人带领五千多名士兵追了上去。

一路血拼后，项羽成功地渡过淮河，此时，他带领的八百名壮士只剩下一百多名。

终于逃了出来，项羽长舒了一口气。

可是，又一个要命的问题出现了——他迷路了！

项羽向田边的一个农夫问路，农夫告诉他往西走。项羽信了，结果再一次被汉军追上。这时，项羽身边只剩下二十八名壮士。

叱咤风云
CHIZHA FENGYUN

项羽知道无路可退了,便对士兵们说:"从起兵到现在已经八年了,我身经七十多场战斗,屡战屡胜,这才称霸天下。但如今却被困在这里,这是上天要亡我啊,而并不是我仗打得不好!既然今天要决一死战,那我们就痛痛快快地打一场!"

说完,项羽把最后的士兵分成四路,一路骑马飞奔,斩杀了数名汉将和数百名士兵,逃到了乌江边上。

这时,只剩他一人了。

楚地的乌江亭长把船停靠在岸边正等他,见项羽来了,催他赶紧渡江。

项羽却说:"当初,我带着八千江东子弟渡江西征,而今没有一个人回来,我又有什么脸面去见江东父老呢!"

说完,项羽把乌骓马送给了乌江亭长,在杀死几百名汉兵后,拔剑自刎。

威震一时的西楚霸王项羽,以这样的方式结束了他的一生。

名人有约 MINGREN YOU YUE

项羽 特约嘉宾

越越 大嘴记者

嘉宾简介：为了争夺天下，他与曾经的兄弟兵刀相见，进行了一场长达四年的楚汉之战。如今，战争即将落下帷幕，英雄的悲歌已经唱响，让我们走进西楚霸王项羽最后的时光。

越越：霸王您好！

项羽：（举起酒杯，醉醺醺的）你……觉得我现在很好？

越越：大王，现在不是喝酒的时候，您应该想个良策，赶紧逃啊！

项羽：（大怒）逃？我用得着逃吗？我项羽想走，没有人拦得住！

越越：大王威武。您这么威武，为什么现在却输给了汉王？

项羽：输？你哪只眼睛看到我输了？

越越：胜败乃兵家常事，输一回，也不是什么见不得人的事啊！留得青山在，有的是柴烧！

项羽：早知今日，我就不该放了他父亲和老婆，应该把他们当柴烧了！就算不烧，也要继续作诱饵！

越越：您这么厉害，军队战斗力又强，人数又多，要打败他不是易如反掌吗？干吗要拿他老爹作饵呢？

项羽：哼，那个怕死鬼，老是躲着我，不和我正面对抗，要是一对一地单挑，他早死了不知多少回了！

越越：大王威武，不过这打仗又不是打架，怎么单挑？有骂他的工夫，还不如多想想策略才是。

项羽：（忿忿不平地）像他那样耍诈、玩阴谋诡计？明明跟我签了盟约，说好井水不犯河水，结果一转身就单方面毁约，真够卑鄙的。这种事我干不来！

名人有约

越越：（若有所思）战争是很难用道义两个字说清楚的。想想当年的"怀王之约"，您不也……

项羽：（怒视记者）不也什么？

越越：哎呀，没什么，没什么。那么您觉得自己之所以失败，除了汉王胆小怕死、卑鄙无耻外，还有别的原因吗？比如……您有没有从自己身上找过原因呢？

项羽：（长叹一声）这是上天要亡我，并不是我打不过他。

越越：这个咱也不能把责任全推给上天不是？要多反省一下自己。您瞧人家刘邦，手下人才济济，萧何、曹参、韩信、陈平、彭越……而您呢，手下本来就没几个人才，您还对他们有所怀疑。

项羽：这都是那刘季老儿耍的花招，害我失去了亚父！（快要哭了）。

越越：可是，除了亚父，听说刘邦那边有好几个人才，都是从您这里流出去的，比如英布。

项羽：哼，那个墙头草，仅听刘邦的使者说了几句动听的话，便投靠了他。这人就算不死在我的手里，也早晚会被刘邦干掉。

越越：为什么这么说？

项羽：刘邦为人十分谨慎小心，怎么容得下这样一个背信弃义的小人？

越越：那韩信呢？他曾经也是您的手下，现在投靠了刘邦，混得风生水起，听说还被封了王，可见您说得也未必全对。

项羽：你懂什么，韩信功高盖主，就算刘邦不杀他，早晚也有人杀他，不信等着瞧！

越越：唉，不管怎样，让这些人才转投到刘邦的阵营，都是您的损失。如果……

项羽：唉，哪有那么多"如果"。如今胜负已成定局，多说也无益了。十八年之后，老子又是一条好汉！

越越：霸王多多保重。再见。

（本次采访于霸王被围之时。）

广告铺

项贼的十宗罪

一、违背怀王的约定，封沛公到巴蜀为王；

二、假托怀王的命令，杀害宋义；

三、奉命救赵，却不回报怀王，逼迫诸侯军入关；

四、焚烧秦宫，掘毁秦始皇陵墓，将财物据为己有；

五、诛杀降王子婴；

六、使用欺诈手段，活埋二十万秦朝降兵；

七、分封不公，把好的土地封给手下将领，把原来的诸侯王迁徙放逐，挑起事端；

八、将义帝（怀王）逐出彭城，侵夺韩王的封地，扩充自己的地盘；

九、派人暗杀义帝，并抛尸江中；

十、执政不公，主持盟约不守信义，为天下所不容。

汉军宣传部

送战死的士兵回家

凡是在战争中牺牲的将士，各地官吏要收敛好他们的尸首，保管好他们遗物，一并送回死者家中，不得有误。

汉王刘邦

招兵启事

现在是楚汉战争的关键时刻，但汉军兵力严重不足，为了保卫我们的家园，特此招兵。没有达到入伍年龄，以及免役的人都可参加，请大家相互转告。

萧何

穿越报
CHUANYUE BAO

第 9 期
公元前202年-公元前200年

第一个平民王朝

【烽火快报】
- 第一个平民王朝诞生了！

【叱咤风云】
- 小小亭长如何成了真命天子
- 幸运的小兵

【名人有约】
- 特约嘉宾：刘邦

【广告铺】
- 欢迎大家来提意见
- 大伙回来吧
- 大赦天下

【智者为王】
- 第3关

穿越必读 CHUANYUE BIDU

经过四年的浴血奋战，刘邦终于摘取了楚汉之战胜利的果实，开创了大汉王朝。不过，皇帝可不是那么好当的：既要总结经验教训，又要安抚天下百姓；既要论功行赏，还要选址定都，一大堆的事情等着他去处理……

烽火快报 FENGHUO KUAIBAO

第一个平民王朝诞生了！
——来自洛阳的加急快报

来自洛阳的加急快报！

项羽兵败后，汉王按功劳大小，封韩信为楚王，封彭越为越王。

时间久了，大家总觉得有什么不对的地方。仔细一想，汉王既然封了赏，与楚王、越王再"平起平坐"，似乎不大妥当。所以，韩信和彭越等人联名上书，请汉王登基称帝。

汉王却推辞说："听说当皇帝的都是贤人，我名不副实，不敢坐这个位置啊！"

诸王道："您从最底层干起，带领大家除暴惩恶，平定四海，您不称帝谁称帝？"

如此推让了几次，见大家态度依然这么坚决，汉王便顺水推舟，说："既然大家这么看得起我，那我就恭敬不如从命了。"

公元前202年二月二十八日，汉王在汜水北岸称帝（史称汉高祖），定国号为汉。

就这样，第一个由平民创造的王朝——汉朝诞生了！

嘻哈园

叱咤风云 CHIZHA FENGYUN

小小亭长如何成了真命天子

高祖只花了七年时间，就从昔日小小的亭长，成了华夏大地的新主人，不能不说这是一个奇迹。那么，是什么造就了这个奇迹呢？对这个问题，高祖自己给出了答案。

有一次，高祖在洛阳南宫大宴群臣。席间，高祖特别高兴，便多喝了几杯，问群臣："你们知道为什么我能够夺得天下，而项羽不能吗？"

群臣立刻七嘴八舌地讨论起来，有人说高祖雄才伟略，有人说他得到了民心，还有人说他懂得奖赏将士，各种说法，不一而足。

高祖听后笑了笑说："你们说得都不错，但是没有说到点子上。"

"运筹帷幄，决胜千里之外，我比不上张良；安邦定国，抚慰百姓，为军队筹措粮饷，我比不上萧何；指挥百万大军，战无不胜，攻无不克，我比不上韩信。这三人都是人中豪杰，而他们都能为我所用，所以我才得到了天下。而项羽只有一个谋臣范增，却还把他赶走了，所以才败在我的手上。"

众人一听恍然大悟，纷纷点头称是。之后，高祖按照各人的功劳，逐一进行了封赏，朝堂上下，无不欢欣。

张良、萧何、韩信三人也因此被称为"汉初三杰"。

BAIXING CHAGUAN 百姓茶馆

田横五百壮士，了不起

听说齐国的田横怎么也不肯归顺我们大汉，带着五百名壮士逃到一个无名小岛上。唉，万一哪一天他们卷土重来，天下又要出乱子了。

木匠李师傅

药铺伙计小张

难道他是怕陛下翻旧账？可是陛下不是都已经说了嘛，谁要敢动田横一根手指头，就将谁满门抄斩！这下他没有理由推辞了吧？

是没有推辞，可是走到离洛阳三十里的地方，田横就自刎了。临死前，还嘱咐两名随从带着他的头颅去见皇帝。咱们皇帝见了，可伤心了，还以王者之礼将他厚葬了。

铁匠铺周师傅

米铺陈老板

唉，葬礼结束后，那两名随从也在田横的墓旁自刎了。据说岛上的五百名壮士听说后，也一个个拔剑自刎了，真是一群了不起的义士啊！难怪陛下对他们的死惋惜不已。

145

叱咤风云 CHIZHA FENGYUN

幸运的小兵

高祖登基后,立即率领人马浩浩荡荡地奔向洛阳,打算定都洛阳。一时间,大家又是建宫殿,又是修马路,忙得不亦乐乎。

这时,一个叫娄敬的人站了出来,给高祖泼了盆冷水,说洛阳不适合定都。

据知情人透露,这娄敬只是一个很普通的小兵。据说他见高祖时,穿了一件破烂的皮袄,身上还有一股汗臭味。

有人说,你去见皇上,应该先洗个澡,换件衣服,体面点吧。

他却说:"我平时穿的是什么衣服,这次还穿什么衣服,怎么能为了见皇上而换了呢?"

让人大吃一惊的是,这样的人,高祖不但与他见了面,还设宴招待了他。

一见面,娄敬就问高祖:"陛下定都洛阳,是想和当年的周朝媲美吧?"

高祖回答:"当然。"

娄敬说:"陛下取得天下的方式与周朝截然不同,怎么能盲目效仿周朝呢?这洛阳处天下中心,有人支持,就能称王;没人支持,就有可能亡国啊!"

最后，娄敬建议高祖迁都关中。在那里建都，就等于扼住了天下的喉咙。

娄敬说得很有道理，但定都毕竟是大事，刘邦便让群臣商议。

大臣们说："洛阳曾是周朝的国都，周朝一直延续了数百年之久；秦朝的首都在关中，可秦朝仅仅只维持了两代就灭亡了，可见关中不是什么好地方。"

大臣们说得也有道理，刘邦犹豫不定，又去问张良。

张良说："洛阳虽然地处中心，但四通八达，无险可守，容易四面受敌，不是用武之地；而关中土地肥沃，百姓富有，三面均有大山阻挡，易守难攻，可说是适宜建都之地。我赞同娄敬的建议！"

一番话使刘邦茅塞顿开，当天就动身，把都城定在了咸阳。

可是咸阳的宫殿已经被项羽烧得一干二净，刘邦连个住的地方都找不到，只好暂居别处，命丞相萧何重建了一座皇宫。

之后，高祖给咸阳改了个名字，叫做长安，寓意长治久安。

而那个娄敬，一不是大臣，二不是贵族，三没有大人物推荐，就因为提出了一个好建议，从此做了大官，名垂青史，真是幸运啊！

鸿雁传书 HONGYAN CHUAN SHU

要给自己不喜欢的人封赏吗？

穿穿老师：

您好！自从当上皇帝后，我一口气封赏了二十多人。

可是前几天，我看到大臣聚在一起窃窃私语，好像在商量什么事。我问张良，张良说这伙人正图谋造反呢！

我惊呆了，他们为什么要这样做呢？张良说："现在大汉初定，您虽然封赏了很多人，可封的却都是自己喜欢的人。天下的封地就那么多，不是每个人都可以得到。这帮人害怕得不到封赏，又怕您追究他们以前的过失，所以就想造反。"

我问张良该怎么办，张良说："只要您封赏一位以前得罪过您，让您恨之入骨的人就行了。其他人见了，一定会想，皇上连他最恨的人都封了官，我们还担心什么呢？"

要说我最恨的人莫过于雍齿，可要我封赏雍齿那个家伙，我又实在不甘心。穿穿老师，您说我该怎么办呢？

大汉皇帝　刘邦

陛下：

您好！像张良和陈平这样有智慧又不贪心的人，毕竟是少数。我十分赞同张良的说法，您可以先封赏一位以前得罪过您，让您恨之入骨的人，以平息大臣们的猜疑。

我知道，要您封赏最恨的人，您心里肯定不乐意。但大汉根基还不稳固，一旦有人造反，后果恐怕不堪设想。所以还请陛下放下个人恩怨，以江山社稷为重。

《穿越报》编辑　穿穿

【不久后，高祖宣布封曾经背叛过他的雍齿为什方侯。群臣见了皆大欢喜，纷纷议论："像雍齿那样的人都能被封侯，我们就更不用忧虑了。"】

名人有约

MINGREN YOU YUE

越越 大嘴记者

刘邦 特约嘉宾

嘉宾简介： 西汉开国皇帝。短短七年间，他从平民百姓摇身一变成了真龙天子。然而，布衣出身的他，不太注重繁文缛节，身边的文官武将出身也不高贵，以至他和大臣之间的交往都比较随便。眼下，如何以礼治国，是他面临的最大难题。

越越：皇上，好久不见，这皇位坐得还舒服吧？

刘邦：（伸了个懒腰）唉，有什么舒服的，硬邦邦的！不信你来坐坐？（上前拉越越）

越越：（急忙回避）不敢不敢。这座位可不是我这种小老百姓坐的。

刘邦：怕什么？我之前也是小老百姓一名，现在不也当了皇帝。

越越：您既然已经当了皇帝了，皇帝就得有皇帝的样儿不是，尤其是在朝堂上。

刘邦：我跟兄弟们出生入死，肝胆相照，在一起随便惯了。再说大臣们也没有把我当皇帝啊，当着我的面，在朝堂上闹得面红耳赤，我也觉得不成体统，可有什么办法呢？

越越：无规矩不成方圆。夏朝、商朝、周朝都很重视礼仪，也各有一套礼制。如果皇上讨厌繁文缛节，可以设计一些简单的礼仪。

刘邦：这事叔孙通也跟我提过，他已经研究制定了一些新的朝廷礼仪。

越越：哦，复杂吗？

刘邦：简单得很，我们打算在新皇宫试一下。

越越：新皇宫，在长安吗？

刘邦：嗯。说起新皇宫，这萧丞相也帮我修得过于华丽了，尤其是未央宫，高大巍峨，豪华至极。现在大汉刚刚建立，百姓们都不

名人有约 MINGREN YOU YUE

富裕,我一直主张日子要过得俭朴些,没想到还是奢侈了一把,唉!

越越: 萧丞相的做法也对啊。正因为天下刚刚稳定,宫殿建得气派,才能显出皇室的威严。以后子子孙孙都不用重修了,是一件利国利民的大好事呢。

高祖: 丞相也是这么说的。你们读书人就是懂得多,不服不行啊。啊,不好意思,我跟叔孙通约好了去看演习,下次我们接着聊。

(一个月之后)

越越: 皇上,用了叔孙通制定的朝廷礼仪后,情况怎么样?

高祖: 妙极了!现在君是君,臣是臣,朝堂上每个大臣都规规矩矩,没有一个人交头接耳、大声喧哗。如今我才知道做皇帝的尊贵呢!不过……

越越: 不过什么?

高祖: 不过如此一来,我爹就比较难办了。我是他儿子,以前我五天拜见他一次,就像平常人家的父子一样。

越越: 现在可不成了吧,毕竟您是皇上了。

高祖: 是啊,有人告诉他,虽然他贵为皇帝之父,实际上却是我的臣子,不应该接受我的拜见。我再来拜见的时候,我爹就拿着个扫帚在门口对我行礼。

越越: 父亲对儿子行礼,这也万万不可啊!

高祖: 是啊,我当场吓了一跳。了解清楚后,我封我爹为"太上皇"。这样,他也算是皇帝了,就不必向我行礼了。

越越: 皇上高明啊!这可是中国有史以来没当过皇帝,就直接当太上皇的第一人啊!

高祖: 做事要灵活变通嘛,总不能让父亲给儿子行礼吧。

越越: 是啊,太上皇有您这么个儿子,一定觉得相当自豪。

高祖: 以前他可没这感觉,老说我不干活,不如二哥。现在嘛,他老人家一定没想到,我置下的产业比二哥大这么多。哈哈哈哈……

越越: 哈哈哈哈……

广告铺

欢迎大家来提意见

　　如今，天下归心，所有大汉的子民，都是编户齐民。在身份上，我们都是自由的、平等的，没有高下贵贱之别。所以，每个人都可以行使当家作主的权利，对国家大事发表意见。

　　凡意见被采纳者，均给予重奖。

大汉朝廷

 大伙回来吧

　　为了躲避战乱，有很多百姓逃进深山大泽之中，未能登记入户。如今天下已经平定，请大家返回故乡吧。当官的，继续当以前的官；种田的继续种自己的田。

全国各郡县办公室

大赦天下

　　由于持续战乱，军队八年得不到休整，老百姓饱受战乱之苦。如今，战争结束了，为了庆贺天下太平，除被判死刑的人，其他囚犯一律赦免。

大汉皇帝刘邦

智者为王 ZHIZHE WEI WANG

第3关

智者无敌 王者为大

1. 月下追韩信的人是谁?
2. "明修栈道,暗度陈仓"是谁的计策?
3. 谁把田荣和赵王联合叛楚的信件转交给了项羽?
4. 刘邦进攻彭城的理由是什么?
5. 谁设计离间了项羽和范增?
6. 荥阳之围中,谁假扮刘邦前去诈降?
7. "胯下之辱"说的是谁的故事?
8. 以鸿沟为界时,刘邦一共列举了项羽几条罪状?
9. 项羽最后是怎么死的?
10. 刘邦称帝是在哪一年?
11. "汉初三杰"指的是哪三个人?
12. 刘邦封赏了一个最不喜欢的人,他是谁?
13. 刘邦为什么不定都洛阳?
14. 刘邦把咸阳改名叫什么?

穿越报
CHUANYUE BAO

第10期
公元前201年—公元前199年

可恶的匈奴

【烽火快报】
- 韩王信当叛徒了

【叱咤风云】
- 中埋伏，高祖被围白登山

【名人有约】
- 特约嘉宾：陈平

【广告铺】
- 十万人大搬家
- 关于白登山之围的处理意见
- 封我儿如意为赵王

穿越必读 CHUANYUE BIDU

楚汉争霸还未结束，北方的游牧民族匈奴再度崛起，向大汉边境发起了进攻。为了对付这个可恶的"邻居"，刘邦又是御驾亲征，又是送女和亲，忙得不可开交。

烽火快报 FENGHUO KUAIBAO

韩王信当叛徒了
——来自马邑的加急快报

就在高祖统一中原的时候,北方的游牧民族匈奴也开始强大起来。公元前201年九月,快马传来一个紧急消息——马邑被匈奴兵包围了!

马邑是韩国的都城。韩王信(与韩信同名同姓,故称韩王信)早先就是一个让高祖头痛的人物,以勇猛善战出名。

高祖在分封时,特意将韩王信派去了边疆,美其名曰"防御塞外胡人入侵"。

韩王信能够在"山高皇帝远"的地方称王称霸,他也觉得还算满意,所以愉快地上任去了。

然而,好景不长,他才到没多久,匈奴兵就打来了。

此时朝廷的救兵还在路上,又一个消息传来——韩王信不但向匈奴投了降,还掉过头来攻打汉朝!

这还了得,朝廷一片哗然。高祖立即决定出兵攻打匈奴!

接下来会发生什么事呢?记者将紧随高祖,向大家进行详细报道!

CHIZHA FENGYUN 叱咤风云

中埋伏，高祖被围白登山

为了好好教训一下叛徒，高祖亲自挂帅出征。

不料，打了几次仗后，碰到大雪天气，天寒地冻，将士们连兵器都拿不住，只好暂时驻扎在晋阳（今山西省太原市），等天气变好后再度出击。

兵法有云："知己知彼，百战不殆。"为了摸清敌人的底细，高祖先后派了十个使臣出使匈奴。使臣们回来都报告说，匈奴的兵都是老弱病残，连牲畜一个个都瘦弱的像生了病似的，可以派兵攻打。

只有刘敬反对说："两国交兵，应该炫耀一下自己的长处才是。匈奴这样做，分明是故意显露自己的短处，他们暗地里肯定设了埋伏在等着我们出兵攻打，不可中了他们的计啊！"

可这时，二十万汉军已经出发了。高祖听了刘敬的话，非常恼火，骂刘敬："你这个孬种！凭着两片嘴，捞了官做，现在又来胡言乱语，扰乱军心！"说完，就把刘敬关了起来。

叱咤风云 CHIZHA FENGYUN

结果，果然如刘敬所料，中了匈奴的诱兵之计，高祖被围困在白登山（今山西省大同市境内），怎么也冲不出去。

等了七天七夜，还没看到援军的影子，将士们冻成一团，高祖非常绝望。

危急时刻，陈平想出了一条妙计。他派人悄悄给匈奴单于的阏氏（yān zhī，匈奴对王后的称呼）送去一大批贵重礼物，以及一幅汉朝美女的画像。

阏氏见了礼物，喜欢得不得了，但对画像感到很奇怪，便问使者："这是用来干什么的？"

使者回答："汉朝皇帝希望罢兵言和，所以送来珠宝给您，希望您在单于面前说几句好话。但又担心您劝说不动，所以又物色了一位绝色美人，准备送给单于，这便是她的画像。"

阏氏说："珠宝留下，美人就不必送了。"

使者离开后，阏氏对单于说："你们都是一国之君，不应该相互围困。而且汉朝的土地我们要了也不适合居住。听说汉朝的皇帝是龙的传人，有神灵保佑，我们还是把他们放了吧。"

单于一番权衡之后，便带兵离开了。白登山之围终于解除了。

鸿雁传书

HONGYAN CHUAN SHU

舍不得女儿怎么办？

穿穿老师：

您好！前些日子，我算是见识到匈奴人的厉害了，他们骁勇善战，不好对付呀！

当初刘敬劝我不要轻举妄动，我没听，还骂了他一顿，现在想想真是不应该。这次回来后，他又建议我把鲁元公主嫁给匈奴单于做老婆，这样单于就成了我的女婿，也就不会与我大汉朝为敌了。

我觉得这个办法不错，可是皇后却坚决不同意，天天找我哭诉，说她只有这么一个女儿，不忍心让她嫁到那么远的地方去。

唉，鲁元也是我的女儿，我又何尝不想把她留在身边。可是不和亲的话，还有什么其他的好办法吗？我该怎么办呢？

大汉皇帝　刘邦

陛下：

您好！我也觉得刘敬的办法很不错。现在大汉朝刚建立不久，不宜发动战争，和亲才是上上之策。

至于公主远嫁，您舍不得女儿也是人之常情。我建议您用一个宫女代替鲁元公主，并以公主的名义嫁给匈奴单于，也算是表示了您的诚意，相信单于也不会拒绝。

这样您既和匈奴和了亲，又能把亲生女儿留在身边，两全其美。您看怎么样？

《穿越报》编辑　穿穿

【最后，高祖决定让宫女代替鲁元公主去匈奴和亲，同时派遣刘敬前往匈奴，订立议和联姻盟约。】

百姓茶馆 BAIXING CHAGUAN

女婿要刺杀老丈人？

听说皇上带领大军路过赵国都城邯郸，并在那里休息。这赵王张敖是鲁元公主的丈夫，皇上的女婿，老丈人好不容易来一趟，他还不赶紧献殷勤？

长安吉祥茶馆伙计

兽医李回春

殷勤得不得了呢，张敖每天脱了外衣，带上袖套，亲自侍奉他老人家，一副乖女婿的模样！倒是皇上做得有点过分，把这女婿骂了个狗血淋头。唉，嫌人家不中用，可以不把女儿嫁过去嘛。

乖什么乖啊，表面上对皇帝恭敬得不得了，暗地里却安排刺客，准备在皇帝回京的路上刺杀他。还好皇帝预感到不祥，快马加鞭离开了那里，否则赵王的阴谋就得逞啦！

商人赵四

药铺陈掌柜

你们冤枉赵王了，其实呀，刺杀皇帝这事都是他的相国贯高见赵王天天被皇上骂，他心里很难受，才想出了这主意，赵王一点也不知情。不过，赵王还是受到了牵连，如今已被贬为宣平侯了。

MINGREN YOU YUE 名人有约

 越越 大嘴记者

 陈平 特约嘉宾

嘉宾简介：他勤奋好学、交友广泛，虽然出身贫寒，却胸怀大志。足智多谋的他，曾"六出奇计"，为高祖排忧解难。他就是高祖身边除张良外的又一智囊——曲逆侯陈平。

越越： 陈大人，想不到您也是位帅哥啊？怪不得皇上喜欢你。

陈平： 怎么说话呐你？

越越： （连连摆手）您误会了，我的意思是，您也是帅哥，皇上也是帅哥，您跟皇上是帅哥惜帅哥啊！

陈平： （白了越越一眼）这还差不多。

越越： （赶紧转移话题）听说您刚刚被陛下封为曲逆侯，有什么话要对大家说吗？

陈平： 小时候家里穷，但我却很喜欢读书，多亏哥哥把所有的活揽下来，我才得以安心学习。所以，在这里我要感谢我的哥哥，没有他，就没有我的今天。

越越： 您那时除了读书，什么事都不干吗？

陈平： 我想想……小时候，父老乡亲推举我做过社宰（编者注：社庙的主事），让我负责把祭祀用的肉分给各家各户。村民们都夸我分肉分得很公道。

越越： 肉分得好，也值得一夸吗？

陈平： 分肉虽然是小事，但证明这个人做事公正、称职。当时我就暗暗发誓，假如我有机会能辅佐君王治理天下，也要像分肉一样公正、称职。

越越： 原来您从小就胸怀大志！像您这样有志气的帅哥，一定有很多女孩子想嫁给您吧？

陈平： 唉，惭愧，由于家贫，我又不做事，想娶的娶不

159

名人有约 MINGREN YOU YUE

上，不想娶的又看不上，所以拖了很久才成亲。

越越： 噢，能让您看中的，必定是位绝代佳人吧。

陈平： 佳人谈不上，女"强"人是真的。哈哈！

越越： 怎么个"强"法呀？

陈平： 她前后嫁了五个丈夫，并且这五个丈夫都已经死了，搞得十里八乡都没有人敢再娶她了，这不是"强"是什么？

越越： 啊，那您为何还敢娶她呢？

陈平： 我啊，不信这个邪呗。不过我想娶，她爷爷还不愿意呢！后来一个偶然的机会，他老人家到我家坐了坐后，就同意了。

越越： 啊，莫非您家风水好？

陈平： 我家境贫寒，哪来的好风水？事后我听别人说，他是见我们家门口有不少车马的辙痕，觉得跟我交往的这帮人非富即贵，以后我也不会一直贫贱下去，这才同意这门亲事的。

越越： 爷爷他老人家真有眼光。

陈平： 这世上有眼光的人还是少。我碰到那么多王侯将相，只有当今的皇上才是真正有眼光的人。

越越： 哈哈，他要没眼光，您肯定也不会去投奔他了。这说明您也有眼光。

陈平： （摸摸胡子）彼此彼此。说起我投奔皇上的事，中间还有段小插曲。

越越： 什么事？

陈平： 当时我上了一艘船，那两个船夫怀疑我身上有银子，想谋财害命。

越越： 那您赶紧逃呀！

陈平： 逃？他们身强力壮，我哪里跑得赢？

越越： 那您是怎么脱险的？

陈平： 我把衣服脱光光，扔在船上，帮他们一起划船。那两船夫看我身上什么也没有，就放过了我。

越越： 哈哈，这办法真是绝了！如此足智多谋，怪不得立了这么多功。不过，你怎么只被封了个侯，没被封王呢？

陈平： 做王未必有做侯好，至于原因嘛……等着吧，到时你就知道了！

160

广告铺

十万人大搬家

匈奴的白羊、楼烦两个部落,离长安最近的只有七百里路,轻装骑兵一天一夜就可到达关中地区。

现如今,虽然把都城定在关中,但该地区刚刚经历战争,民生凋敝,人丁稀少。一旦有什么变故,难以预料。

现特将齐、楚、燕、赵、韩、魏等国的后裔,以及豪门名家十万人全部迁移到关中居住。一来国内平安无事,可以防备匈奴;二来若所封诸侯王有什么变故,也可以凭借他们的力量,东进进行讨伐。

大汉皇帝刘邦

关于白登山之围的处理意见

白登山之围解除,刘敬与陈平功不可没。现特封刘敬为建信侯,食邑二千户;封陈平为曲逆侯。

至于其他乱说话者,全部就地斩首,一个不留,让大家看看胡说八道的下场!

大汉皇帝刘邦

封我儿如意为赵王

赵相贯高等人虽然刺杀皇上没有成功,但他的上级领导赵王张敖由于管理不力,负有不可推卸的责任。本该严惩,念在其对此并不知情,现免去赵王封号,降为宣平侯。

原赵王之位,由戚夫人之子刘如意担任。

大汉皇帝刘邦

第11期
公元前201年-公元前196年

诸王之乱

刘邦

穿越报
CHUANYUE BAO

【烽火快报】
- 韩信要谋反?

【叱咤风云】
- 兔死狗烹,鸟尽弓藏
- 韩信被一个女人给杀了!
- 梁王彭越也谋反了

【文化广场】
- 一首《大风歌》,双泪落人前

【名人有约】
- 特约嘉宾:韩信

【广告铺】
- 关于若干楚将的处置
- 十八功侯出炉了
- 商人的禁忌

穿越必读 CHUANYUE BIDU

在楚汉之争时,刘邦和诸侯王结成联盟,共同对付项羽。而项羽死后,这些异姓诸侯王一个个实力雄厚、身经百战,对刘邦的统治造成了很大威胁。

烽火快报
FENGHUO KUAIBAO

韩信要谋反？
——来自长安的加密快报

大家一定觉得奇怪，为何抗击匈奴时高祖放着用兵如神的韩信不用，却冒着巨大的风险，亲自出征呢？

原因很简单，因为有消息说韩信要造反，他被收回了兵权。

在这之前，高祖就不知从哪里收到情报，说项羽的大将钟离眛投靠了楚王韩信。高祖让韩信把钟离眛交出来，韩信却置之不理。

就在这时，有人告发韩信在密谋造反。高祖知道后十分恼火，立即把将领们召集起来，商讨对策。

将领们都说："赶紧发兵，把这小子抓起来活埋了。"

高祖沉默片刻，又找来陈平商量。

陈平问："陛下的军队与楚王的相比，谁更厉害？"

高祖说："韩信的兵更厉害。"

陈平又问："陛下的将领和楚王相比，谁更会用兵？"

高祖回答："没有人比得过韩信。"

陈平说："您的军队不如楚王，将领又比不上韩信，现却要举兵攻打他，这不是逼人家造反吗？我真为陛下捏一把汗啊！"

既然没有人家能干，就眼睁睁地看着对方在自己眼皮子底下造反吗？高祖接下来会有什么样的行动呢？

叱咤风云 CHIZHA FENGYUN

兔死狗烹，鸟尽弓藏

所有诸侯王中，对高祖最具威胁的人就是韩信了。因为他不但功劳最大，还最会用兵，一旦造反的话，那可不得了。

要想阻止他造反，最好的办法是在他造反之前抓住他。

于是，陈平给高祖出了个主意，让高祖前往云梦泽巡守打猎，顺便召集诸侯到陈地相见，趁韩信不备之时，将他捉住。

韩信也是聪明人，明白高祖这次是针对他来的，想去拜见，又怕被抓；不去吧，又怕被说成想造反。

左右为难之际，有人劝他说："如果你杀了钟离昧，就不会落人口实了。"于是，韩信找来钟离昧，对他说了这件事。

钟离昧说："刘邦不敢攻打你，是因为我在你这里。如果你想用我去讨好刘邦，今天我死了，下一个就轮到你了。"说完就自杀了。

韩信提着钟离昧的人头去参加诸侯大会，人一到，就被高祖的手下捆了起来。韩信不服气地问："为什么抓我？"

高祖回答："有人说你要谋反！"

韩信愤怒地说："果然就像人们说的，兔子死了，猎狗就会被烹杀；鸟儿打尽了，弓箭就会被藏起来；敌人被消灭了，谋士和将领就会被除掉。现在陛下得到了江山，就要把我杀了吗？"

听了这番话，高祖觉得有点羞愧。再加上他找不出韩信造反的证据，于是将他押回洛阳，从楚王贬为淮阴侯。

叱咤风云

韩信被一个女人给杀了！

公元前196年，长安传出一个消息：淮阴侯韩信因为谋反，被抓起来杀掉了！

据说，事情发生的时候，高祖并不在宫里，幕后主使者自然不是高祖，而是一个女人。那么，这个女人是谁呢？经过本报记者的连番调查，真相终于水落石出。

事情还得先从巨鹿郡守陈豨（xī）说起。公元前197年，高祖封陈豨做代国的相国，监管赵国和代国的边境部队。临行之前，陈豨去向自己的老上司韩信辞行。

韩信自从被高祖贬官之后，意志消沉，常常请假不上朝，还不时发牢骚，表达对朝廷的不满。

见到老部下，韩信心里很高兴，支开左右，将他带到密室，握着陈豨的手说："我有几句话想和你说。"

陈豨一向是韩信的"粉丝"，立刻恭敬地说："将军有话尽管说，我一定听从。"

韩信说："你身为相国，集中了天下精兵，又深得陛下信任，肯定会有人说你想谋反。第一次说，陛下肯定不信；第二次说，陛下就会起疑心；第三

叱咤风云 CHIZHA FENGYUN

次说，陛下一定深信不疑，发兵来攻打你。如果真到了那一天，就干脆反了吧。我在京城做你的内应。咱们里应外合，一定能够夺取天下。"

过了一段时间，陈豨果真叛变了，高祖亲自率军攻打，本来要叫韩信一起去。可韩信却推脱自己生病了，去不了。

实际上，韩信假传诏书，赦免了一些获罪的工匠和奴隶，准备夜里向吕后和太子发动突袭。

然而，人算不如天算。韩信有个手下因为犯了罪，被囚禁起来，并准备处死他。他的弟弟为了救他，向吕后告发了韩信的阴谋。

吕后大吃一惊，想把韩信召来问罪，又怕他不肯就范。情急之下，她想到了丞相萧何，便去找他商量对策。萧何劝吕后别着急，说办法倒是有一个。他亲自去了韩信府上，说皇上打了大胜仗，陈豨已死，召集京城中的大臣前去庆贺。

韩信心里有鬼，便借口说身体有病，去不了。

萧何说："这样隆重的事，即使有病，也要强打起精神来。"最后硬把韩信拉走了。

韩信一到宫中，就被吕后安排的武士绑了起来。不久后，吕后便昭告天下，说韩信谋反，将他斩首了。

一代英雄韩信怎么也没想到，自己总是号称天下第一，可最终居然被一个女人给杀了！

梁王彭越也谋反了

韩信死了没多久，紧接着，梁王彭越也因谋反被杀了。这到底是怎么回事呢？

原来，高祖讨伐陈豨时，路过彭越的封地邯郸，便向彭越征兵。彭越却借口身体不舒服，推托去不了。高祖很生气，派人去责问他。

彭越心里很害怕，想去请罪。有个部下说："当初皇帝召您去时您不去，如今受到斥责后才去，去了只怕没好果子吃，不如就势反了吧。"彭越不听。

刚好这时，有个车马官因为得罪了彭越，要被处死，于是他拼命逃到高祖那里，告了彭越一状，说彭越准备和部将们起兵谋反。

高祖一听，这还得了，立马派兵打过去，并将彭越抓住，押往洛阳审问。审问的结果是：已有谋反迹象，应当处死。

所幸高祖开恩，饶了彭越一命，只剥夺了他的爵位，将他发配到蜀地的青衣县。

在去蜀地的路上，彭越遇见了吕后，忍不住大哭起来，说自己是被冤枉的，希望吕后向皇帝求情，放他回封地。

吕后满口答应了，彭越喜出望外，便同她一起回到洛阳。

等见到高祖之后，吕后却说："彭越是个勇猛的人，您把他流放到蜀地，这是给自己留下祸患，不如斩草除根，杀掉算了。"

接着，吕后指使彭越的手下控告他再次谋反。就这样，一个曾经让项羽无比头痛的彭大将军被杀了。

鸿雁传书
HONGYAN CHUAN SHU

皇帝轮流坐，今年到我家？

穿穿老师：

您好！得知彭越被杀的消息，我吓了一跳。大汉建国以来，我与楚王韩信、梁王彭越同为汉朝初期实力最强的诸侯王。现在韩信、彭越都死了，下一个不就轮到我了吗？

前几天，我有一个叫贲（bēn）赫的手下犯了事，我想将这人杀了。没想到这人一怕，便逃到长安，向高祖告密说我要谋反。

既然这样，反正迟早都会死，我何不反了呢？而且现在韩信、彭越已死，刘邦年事已高，他又生了病，我什么人都不用怕了。都说"风水轮流转"，说不定今年就到我家了呢，您说是吧！

淮南王 英布

淮南王：

您好！您的意思是您也想当皇帝吗？我劝您还是别折腾了。

眼下天下一统，老百姓好不容易安定下来，不愿再过颠沛流离的生活了。

虽然皇上手下没有什么能将，但他本人就是最厉害的大将军。作为项羽曾经的旧将，您可以权衡一下，连项羽都不是皇上的对手，更何况您呢？这几年来刀枪入库、马放南山，您军队的战斗力远不如从前了，如果贸然造反，不要说做皇帝，到时连眼下的王位和性命都有可能保不住了。请大王三思。

《穿越报》编辑 穿穿

【英布叛乱，高祖御驾亲征，英布带着残余部队，向长沙国逃去。长沙国王吴臣不愿惹祸上身，派人跟英布说愿意和他一同逃亡。英布信以为真，结果在逃亡的路上遇害身亡。】

百姓茶馆 BAIXING CHAGUAN

皇帝"发小"的悲哀

大家知道吗？燕王卢绾当叛徒了！唉，他跟皇上同年同月同日生，又一起并肩战斗过，做起事来也一直忠心耿耿、兢兢业业。谁也没想到，他最后也会走上这条路啊！

佃农王小二

茶农张某人

其实一开始，卢绾并没有这个念头，还帮着皇上攻打陈豨。这都是他手下一个叫张胜的人唆使的，说那陈豨一死，接下来就轮到燕国了。卢绾为了保全自己，就让张胜以燕国使者的身份秘密联络匈奴。

陈豨的叛乱被平定之后，皇上很快知道了这件事，但他不愿相信，便派人召卢绾进京。可惜卢绾害怕，假装生病没有去。

直到有个投降的匈奴人跟高祖说了张胜的事，皇上这才相信，从小玩到大的好友也反了。一气之下，便命樊哙带兵攻打燕国。

商人李发财

酒坊伙计赵丁

其实这个时候，卢绾已经很后悔了，所以他没作任何抵抗，只是带着几千人逃到长城外等候，希望高祖病愈之后，亲自到长安向他请罪。唉，不知道有没有这一天啊！

（编者注：然而，没过多久高祖就去世了。卢绾便带领众人逃到了匈奴，到死也没有回来。）

一首《大风歌》，双泪落人前

众所周知，高祖善于打仗、治国、平天下，可并没有读过多少书，因此，很多人都以为他是个文盲。

其实，高祖的文化程度虽然不高，可也并不是胸无点墨，曾经还作过一首诗呢。

公元前196年，高祖平定了淮南王英布的叛乱后，回到了故乡。一路上，受到了父老乡亲的热烈欢迎。

看着家乡的一草一木，刘邦的心情也特别激动，不但邀请父老乡亲一起喝酒聚会，还叫来一百多名孩子一起唱歌助兴。

喝到半醉时，高祖亲自击筑（一种弦乐），唱起了歌：

大风起兮云飞扬，

威加海内兮归故乡，

安得猛士兮守四方！

这便是有名的《大风歌》。歌词的意思是：大风吹，云飞扬。我平定了天下，衣锦还乡。有没有勇士，为国家镇守四方！

唱到忘情处，高祖随歌起舞。想起这几年来的奋斗和辛酸，忍不住流下了眼泪。其他人看了，也纷纷掩面哭泣。

这首《大风歌》虽然只有短短三行，却豪迈奔放，气势不凡。不仅表达了高祖衣锦还乡、踌躇满志的情怀，同时也体现了对国家安危的忧虑之情，堪称绝世佳作。

名人有约 MINGREN YOU YUE

韩信 特约嘉宾

越越 大嘴记者

嘉宾简介： 他少年穷苦，连饭都吃不饱，却以非凡的军事才能登上了人生巅峰，书写了一段辉煌的传奇。可以说，没有他，汉朝的历史将黯然失色。他，就是汉高祖口中的"三杰"之一——韩信。

越越：大人，您好！

韩信：好什么好！我现在成天想骂人！

越越：您要是心里实在不舒服，就想想当年落魄得连饭都吃不上的时候吧。那样，心里会舒服些。

韩信：说的也是。当年若不是一位老婆婆送饭给我吃，我哪有今日？

越越：那现在您已经被封王封侯了，您是怎么报答她的呢？

韩信：老婆婆心地善良，而且不图回报，所以我赏了她千两黄金。

越越：还不错。不过，给您饭吃的不止那个老婆婆啊，还有个亭长。

韩信：亭长嘛，小人一个，做好事有始无终，我只赏了他一百钱。

越越：同样是给您饭吃，差距怎么这么大呢？那当初侮辱您，让您承受胯下之辱的人，岂不是小命不保？

韩信：哈哈，据说我召他来见我的时候，他吓得连遗书都已经写好了呢！

越越：可不是，换谁都会吓死！

韩信：哈哈，你们太小看我韩信了！他侮辱我的时候，以我的武功，我当时就可以一剑杀了他。可是，那种人就算杀了也没意义，还要搭上自己一条命，划不来，所以我就忍了下

名人有约

来。我能有今天的成就，他也算"功不可没"呀！所以，我不但没有杀他的头，还让他做了个小官。

越越：（鼓掌）太了不起了！真英雄，方能成大事，这说的就是您和陛下这样的人。

韩信：跟樊哙那些人比比还可以，与皇上比，不敢不敢！

越越：噢，那问您一个大胆的问题，您觉得皇上带兵打仗的话，能带多少兵马？

韩信：（略加思索）十几万吧！

越越：那您呢？

韩信：当然是越多越好！

越越：既然是越多越好，那您为什么还被陛下管着呢？

韩信：打仗是门技术活。陛下虽不善于统领士卒，却善于驾驭将领，这就是我跟随陛下的原因。更何况，皇帝的能力是上天赐予的，不是凭人力可以取得的。

越越：将军真是谦虚。如果我没有记错的话，您这辈子几乎没打过败仗，皇上能夺得天下，您功不可没！

韩信：既然我功劳这么大，怎么能和周勃、灌婴他们同列，你说是吧？

越越：虽然您跟他们同级，但他们还是把您当大将军、当楚王看待啊！您看，您去樊哙家，他都是以很尊重的跪拜礼仪迎送您，说您光临他家是他的荣耀。这证明您的才能是有目共睹的。

韩信：可现在却让我跟他们这种货色混在一起，你说恼不恼人？

越越：您这话就说得有点过分了啊，将军。人家可是皇后的妹夫，大小也是皇亲国戚啊！

韩信：跟你没共同语言。好了，我累了，下次再聊吧！

越越：（小声嘀咕）还有下次吗？

（本次采访于韩信谋反之前。）

173

广告铺

关于若干楚将的处置

原楚将季布多次在战场上追杀皇上,实在是可恶。但念在他为人仗义,信守承诺,宁愿做奴仆也不愿意背叛霸王,精神可嘉。现皇上决定饶恕他,予以重用,以往过失一律不予追究。

而季布的舅舅丁公,身为霸王之将,却在彭城一战中放了汉王。霸王之所以失败,他要负主要责任,像这种对上级不忠不义之徒,应斩首示众!

大汉御史府

十八功侯出炉了

今我大汉能一统天下,建立汉室江山,以萧何、曹参、张敖、周勃、樊哙、郦商、夏侯婴、灌婴等十八人的功劳最大、能力最强,特一一予以封侯,以示嘉奖。望大家再接再厉,为大汉江山的繁荣昌盛作出更大的贡献!

大汉朝廷

商人的禁忌

商人一律不准穿锦、绣、细绫、绉(zhòu)纱、细葛布、布、毛织品,不准持兵器、乘车、骑马。一经发现,严惩不贷。

大汉御史府

穿越报
CHUANYUE BAO

第12期
公元前195年-公元前194年

背后的女人

【烽火快报】
- 太子的危机

【叱咤风云】
- 皇帝的妥协
- 皇帝驾崩了
- 戚姬母子的悲惨命运

【名人有约】
- 特约嘉宾：吕雉

【广告铺】
- 求贤令
- 免征沛县的赋税
- 关于修长城的通知

【智者为王】
- 第4关

穿越必读 CHUANYUE BIDU

在刘邦的戎马生涯背后，有两位很有名的女人。一个是为他吃尽了苦头的皇后吕雉，另一个是深受他喜爱的戚夫人。为了给各自的儿子争权，两个女人使尽浑身解数，掀起了一场你死我活的斗争……

烽火快报 FENGHUO KUAIBAO

太子的危机
——来自长安的加密快报

公元前195年,长安传出一个的消息——皇上想废除长子刘盈的太子之位,改立戚夫人的儿子刘如意为新的太子。这件事一经传出举国震动。下面请看本报记者刚刚从长安发回的报道。

太子刘盈虽然是刘邦的长子,但是刘邦却一点也不喜欢他。他认为刘盈性格太懦弱,一点也不像自己。

有一次,刘邦生病了,可正值淮南王英布叛乱。于是,刘邦想让太子刘盈领兵出征,趁此机会让他锻炼一下。

吕后担心儿子受伤,对刘邦说:"太子年轻,没有经验,此次出征带的都是您的老将,要让太子去指挥这些人,就好比让羊去指挥狼,没有人会听他的命令;英布是天下闻名的猛将,如果他知道是太子领兵,一定会攻得更猛。皇上就算再辛苦,也要亲自上阵啊!"

刘邦听了很生气,说:"我就知道这小子不能领兵打仗,还是我亲自去吧。"

与太子刘盈不同,宠妃戚夫人的儿子刘如意性格很像刘邦,并深得他的喜爱。刘邦很想废掉刘盈,改立刘如意为太子。

太子刘盈能否成功化解危机,请继续关注本报接下来的报道。

皇帝的妥协

听说皇帝想改立太子,大臣们纷纷反对,可无论大家怎么劝,高祖就是不肯改变主意。吕后知道后便去求张良帮忙。

张良说:"战争时期陛下也许会听我的,现在陛下因为偏爱如意而想废长立幼,我也没有办法。我听说商山上住着四位年长的高士,陛下一直想请他们出山,却怎么也请不动。如果您能请出这四人来辅佐太子,陛下也许会改变心意。"

吕后听了,便派人带上太子的亲笔信,外加一份厚礼去请这四位高人,他们果然答应了。

高祖知道后十分吃惊,问他们:"我请你们来,你们不肯,现在却追随太子出山了,这是为什么呢?"

四位高士回答:"陛下轻视读书,又爱骂人,我们不愿受辱,所以才拒绝了。如今,我们听说太子仁孝恭敬,爱护读书人,天下人都愿为太子效力,所以我们也来了。"

高祖听了,感慨万千,说:"那就请你们好好辅佐我的儿子吧!"

等四位高士走后,高祖对戚夫人说:"太子羽翼已经丰满,难以撼动了啊!"

戚夫人一听立儿子太子无望,失声痛哭起来。从此以后,高祖再也没有提过废太子的事情。

鸿雁传书 HONGYAN CHUAN SHU

戚夫人的烦恼

穿穿老师：

您好！我是戚夫人，当今陛下最宠爱的妃子。我儿如意不仅长得像陛下，连爱好也相同。比如陛下爱唱歌，如意也很有唱歌的天分。陛下本来答应我废掉太子刘盈，立如意为太子，可是一转眼就改变心意了，说什么太子有高人辅佐，羽翼渐丰，已不可废。

可是这么一来，吕后能放过我和我儿子吗？她这人心思缜密、手段毒辣，连淮阴侯韩信和梁王彭越都被她设计杀害了，我们母子哪里是她的对手，我该怎么办呢？

戚夫人

戚夫人：

您好！您仗着陛下对您的宠爱，竟然打皇位的主意，这就是您的不对了。如今刘盈为太子已成定局，您就不要再抱不切实际的幻想了。

吕后虽然厉害，但她的儿子刘盈却心地善良。尽管如意不是他的同母兄弟，但这并不妨碍他们的手足之情。

所以，您只要让如意时刻跟着哥哥刘盈就好了，相信吕后不会当着儿子的面痛下杀手。最后祝您好运！

《穿越报》编辑

CHIZHA FENGYUN　叱咤风云

皇帝驾崩了

公元前195年四月，皇宫里传来消息，皇帝驾崩了。消息一出，天下皆惊。陛下的身体不是一直很好吗？记得去年他还亲自征讨过英布，怎么突然就驾崩了？

原来，高祖在平定英布叛乱时，胸口被射了一箭，伤得很重，再加上又上了年纪，大病了一场。回到长安之后，吕后请来一位名医为他医治。

高祖问："我的病治得好吗？"

大夫低着头，小声说："可以治好。"

听大夫说话的口气，高祖知道他不过是在安慰自己，于是生气道："我手握三尺剑，以一介布衣的身份取得天下，这难道不是天命吗？我的生死是由老天爷支配的，如今我天命已绝，就算是扁鹊在世，也救不了我了！"

于是高祖说什么也不肯让大夫医治，赏了他五十斤黄金，把他

打发走了。

吕后琢磨着高祖可能撑不了多久了,便问:"陛下去世之后,若丞相萧何也死了,谁来代替他做相国呢?"

高祖说:"曹参。"

吕后又问:"曹参之后呢?"

高祖说:"王陵,但他有点憨,不过可以让陈平帮助他。陈平富有智谋,但难以独担重任。周勃为人厚道,不太会说话,但将来安定刘家天下的人必定是他,可让他做太尉。"

吕后再追问之后的事情,高祖觉得她想的未免太远了,于是说:"这以后的事已经不是你能操心的了。"意思是,吕后也活不到那个时候。

没过多久,高祖就在长乐宫去世了,享年六十一岁。

嘻哈园

百姓茶馆 BAIXING CHAGUAN

这江山还姓刘吗？

听说先帝临死前，有人曾向他告状，说樊哙与吕家的人想加害赵王刘如意。先帝一怒，要砍了樊哙的人头，但不知为什么，后来竟不了了之了。

茶馆王老板

茶馆某客人

我知道一点内幕。这杀樊哙的事，先帝本来是令陈平和周勃去的。但陈平知道樊哙是先帝的旧部，劳苦功高，而且又是吕后的妹夫，身为皇亲国戚，地位尊贵。

先帝想杀他，可能是一时冲动，万一日后要是后悔了，陈平可就遭殃了，吕后那边也没法交代。所以陈平决定先将樊哙押回长安，让先帝自己去杀。

可陈平还在路上，先帝就驾崩了。陈平惧怕吕后的权势，便先赶回长安，跑到宫里大哭一场，还自告奋勇要亲自守卫内宫。吕后见他这么忠心，也不好把他怎么样，于是封他为郎中令，掌管宫殿门户，同时辅佐新帝刘盈。

茶馆小二

李秀才

至于樊哙嘛，一到长安就被赦免了，还恢复了原来的爵位及封地。先帝去世后，吕后在朝中只手遮天，真不知这江山以后到底是姓刘还是姓吕啊！

CHIZHA FENGYUN 叱咤风云

戚姬母子的悲惨命运

公元前195年，十六岁的太子刘盈继承皇位（史称汉惠帝）。由于皇帝年纪太轻，皇太后吕雉就成了大汉王朝的实际掌权人。

对先帝之前的妃嫔，吕后多以常规处理，有儿子的，就和儿子一起去封地，如代王刘恒（即后来的汉文帝）。

只有戚夫人，因为没有了先帝的庇护，母子俩的日子便没那么好过了。

吕后下令把戚夫人关进永巷里，并开始残酷地折磨她。戚夫人生得美貌，吕后便命人剃去她的头发，脱去她的衣服，给她换上土红色的囚衣，还给她戴上囚犯戴的镣铐，让她做舂（chōng）米的苦活。

光对付母亲还不够，吕后又派人去召赵王刘如意，想把他弄到长安杀掉。使者三次前往赵国，却无功而返。

赵国的丞相周昌对使者说："高祖生前把年幼的赵王托付给我，我听说吕太后因为怨恨戚夫人，想把赵王召去一起杀掉，我

叱咤风云 CHIZHA FENGYUN

不敢让他去。而且赵王病了，不能接受命令。"

吕太后听了使者的回报，气得咬牙切齿，便先派人去召周昌，等周昌到了长安后，再派人去召赵王，终于得逞。

刘盈心地善良，听说母亲要加害弟弟，便抢在吕太后之前，亲自去霸上迎接赵王，与他一同进宫，每天和他一起吃饭、睡觉。在刘盈的精心保护下，吕太后一时间找不到下手的机会。

俗话说："百密一疏"，刘盈考虑得再怎么周密，也有疏忽的时候。

有一次，刘盈很早就出去打猎了，赵王由于年纪小，不能和他一起去。吕太后趁机拿了一壶毒酒给赵王喝。等刘盈回来的时候，赵王已经气绝身亡。

吕太后又下令砍断戚夫人的手脚，挖去眼珠，熏聋耳朵，逼她喝哑药，把她放在厕所里，还给她取了一个名字，叫"人彘（zhì）"。

过了几天，吕太后叫刘盈来看"人彘"。刘盈没认出眼前的人，便问吕太后是谁。太后说她就是戚夫人。

刘盈呆了片刻，继而痛哭起来，大病一场。他派人对吕太后说："这种事不是人做的。我虽然是太后您的儿子，到底还是治不了这天下。"

从此以后，刘盈常常饮酒作乐，不理朝政，在位七年就去世了。

名人有约

MINGREN YOU YUE

吕雉 特约嘉宾

越越 大嘴记者

嘉宾简介： 她不是男儿，却胜似男儿。在高祖起起伏伏的一生中，她始终不离不弃，坚定地站在他的身后。野心勃勃的她，在高祖死后，成为汉室江山的实际掌权者。她就是高祖的结发妻子——吕雉。

越越：太后，总算请到您了。江湖上有不少关于您的传说，没想到您比传说中还要漂亮呢！

吕雉：（伤神）什么漂亮不漂亮的，都是奔四的人了。

越越：太后当了皇后当太后，全天下女人都羡慕您呢。

吕雉：吃了苦中苦，方为人上人。要是知道我这一路有多么艰辛，就不会羡慕了。

越越：噢，以前大家的注意力都在先皇和项羽那里。对后方的妇女、儿童，关心确实少了一点，不好意思。

吕雉：可以理解了，不过，那几年像我这样的女人非常多。丈夫常年在外打仗，家里的重担全压在妻子一个人身上，又要照顾孩子，又要侍奉公婆，唉，苦啊！

越越：在这里，我代表全国的军人向女士们表示感谢！你们辛苦了！

吕雉：哎，你这小记者，还算有点良心。要是我家老头儿有你一半良心就好了。

越越：先皇一向以"仁"为怀，百姓们都夸他仁慈。他怎么会没有良心呢？

吕雉：我和公公等人被霸王捉去当人质，在那里天天受苦，我回来后，他不但不安抚我，还嫌我年老色衰，把我晾在一旁，整天跟那个狐狸精混在一起。

越越：您说的是戚夫人吧？听说她年轻貌美，先皇打仗那几

名人有约　MINGREN YOU YUE

年，都把她带在身边……

吕雉：什么夫人，哄得先皇忘了我就算了，没想到她得陇望蜀，居然想夺我儿的太子之位。是可忍，孰不可忍！

越越：太后别激动。太子不是没有被废掉，还是当了皇帝吗？这说明先皇还是关心你们的。

吕雉：他是被逼的，是那些大臣拼命劝谏，御史大夫周昌甚至以死相逼，才让他收回成命的。

越越：怪不得您对周昌行了跪谢之礼。可是身为一国之后，行这样的礼太大了吧？

吕雉：孩子是我的一切，为他做什么都是值得的。可这孩子根本不领情，总是离我远远的。

越越：那可能是因为您对别人过于残酷了。

吕雉：哦？

越越：我听说，当年太子和哥哥刘肥同时向您敬酒，您却打翻了太子的杯子。事后太子才知道您在刘肥酒里下了毒。

吕雉：那是刘肥太不自重了。我儿子是一国太子，只是出于礼节，让他坐在上首，他却真坐了，不知天高地厚。

越越：那后来呢？

吕雉：后来那孩子还算识相，献了一个郡给我女儿鲁元公主，还尊她为王太后，我就不跟他计较了吧。

越越：他不是公主同父异母的哥哥吗？叫公主为王太后，不太好吧？（见吕后面露凶相）不过，还好啦，比起如意，至少还留了一条命不是吗？

吕雉：我这都是为他着想，可惜他不了解啊！

越越：不都是为了孩子吧？现在朝政大权不都在您手中，您和皇帝也没什么区别了。

吕雉：（瞟了一眼）怎么，不服气？谁说女人不能治理天下？说不定中国以后出个女皇呢！

越越：说得对，男女平等嘛。

吕后：别的不敢说，至少我能保证大汉在我手里不会垮掉。不管怎么说，我是刘家媳妇，要对得起刘家的列祖列宗。

越越：希望大汉在您的治理下蒸蒸日上，太后再见！

广告铺

求贤令

听说古代帝王没有超过周文王的，霸主没有超过齐桓公的。他们都是得到贤人的帮助才建立起功名的。这样的贤人难道只有古代才有吗？如今，我大汉已经统一了天下，并希望能长久保持下去。如有美名和美德相称的人，各级官员一定要亲自劝他出来，替他准备车马，请到相国府，记录下他的事迹、相貌和年龄。

如果有贤人而不报告，一经发觉，就免除当事者的官职。当然了，那些年老、体弱、多病的贤人，就在家好好休养吧，不要送来了。

相国府

免征沛县的赋税

当年朕以沛公之名起事，诛灭暴秦，夺取天下。沛县是朕的故乡，特封为皇家的汤沐邑，世世代代免除县中百姓的赋税。

大汉皇帝刘邦

关于修长城的通知

为了防御北方外敌，维护边界安定，现特向各封国征集刑徒与奴隶两万名，于六月启程前往北方，修筑长城。

太尉府

智者为王 ZHIZHE WEI WANG

智者无敌 王者为大

1. 是谁出主意将韩信骗到陈地捉拿？
2. 异姓诸侯王中，哪一位成为了高祖的女婿？
3. 韩信和彭越均是谁设计杀害的？
4. 你会背高祖的《大风歌》吗？
5. 成语"成也萧何，败也萧何"说的是谁？
6. 白登山之围后，汉朝对匈奴采取了哪种政策？
7. 高祖为什么不喜欢刘盈？
8. 刘盈最后靠谁保住了太子之位？
9. 是谁发明了"人彘"？
10. 高祖去世是在哪一年？
11. 可以接任萧何做丞相的人是谁？
12. 西汉时，商人可以穿棉、绣等材质做的衣服吗？
13. 刘盈当了几年皇帝就病死了？

智者为王答案

第1关答案

1. 胡亥。
2. 因为他排行老四。
3. 沛县。
4. 亭长。
5. 吕雉。
6. 公元前209年。
7. 张楚政权。
8. 被自己的车夫庄贾所杀。
9. 楚国大将项燕。
10. 景驹。
11. 楚国哪怕是只剩下三户人家,灭掉秦国的也一定是楚国人。
12. 宋义。
13. 刘邦。
14. 谁先入关,便可称王。

第2关答案

1. 彭越。
2. 陈留。
3. 协商与刘邦共分关中。
4. 张良。
5. 子婴。
6. 公元前206年十月。
7. 萧何。
8. 刘邦。
9. 刘邦的左司马曹无伤。
10. 项庄舞剑,意在沛公和人为刀俎,我为鱼肉。
11. 章邯。
12. 彭城。
13. 郴城。
14. 十八个。
15. 陈馀。

智者为王答案

第❸关答案

1. 萧何。
2. 韩信。
3. 张良。
4. 为楚义帝报仇。
5. 陈平。
6. 纪信。
7. 韩信。
8. 十条。
9. 自刎。
10. 公元前202年。
11. 张良、萧何、韩信。
12. 雍齿。
13. 因为洛阳四周都是平原,容易被人围攻,且生产力薄弱,无法提供军需。
14. 长安。

第❹关答案

1. 陈平。
2. 张敖。
3. 吕后。
4. 大风起兮云飞扬,威加海内兮归故乡。安得猛士兮守四方!
5. 韩信。
6. 和亲政策。
7. 高祖觉得刘盈懦弱,不像自己。
8. 商山的四位高士。
9. 吕后。
10. 公元前195年。
11. 曹参。
12. 不可以。
13. 七年。

刘邦生平大事年表

时间	年龄	大事记
公元前256年		出生于沛丰邑中阳里（当时属楚国，今江苏省丰县）。
公元前215年	四十一岁	娶吕雉为妻。
公元前209年	四十七岁	在沛县揭竿而起，成为秦末农民起义的主要领袖之一。
公元前208年	四十八岁	受楚怀王之命西征灭秦。
公元前207年	四十九岁	首先入关推翻暴秦，约法三章，稳定局势。
公元前206年	五十岁	鸿门宴脱险，后受封为汉王。同年平定三秦，重返关中，开始长达四年的楚汉之争。
公元前202年	五十四岁	与项羽在鸿沟议和，中分天下。同年在垓下击败项羽，登基称帝，建立汉朝，定都洛阳。五月迁都长安。
公元前201年—前195年	五十六岁—六十一岁	历经六年灭掉韩信、彭越、英布等异姓王。
公元前195年	六十一岁	刘邦驾崩，葬于长陵。

图书在版编目(CIP)数据

历史穿越报.斩蛇起义刘邦/彭凡著.—北京：化学工业出版社，2015.7（2024.11重印）

（穿越报.第2辑，一代雄主）

ISBN 978-7-122-23999-0

Ⅰ.①历… Ⅱ.①彭… Ⅲ.①汉高祖（前256～前195）-生平事迹-少年读物 Ⅳ.①K827=2

中国版本图书馆CIP数据核字（2015）第104413号

责任编辑：丁尚林　刘亚琦	文字编辑：李　曦
责任校对：程晓彤	装帧设计：尹琳琳

出版发行：化学工业出版社（北京市东城区青年湖南街13号　邮政编码100011）
印　　装：天津裕同印刷有限公司
710mm×1000mm　1/16　印张12　2024年11月北京第1版第22次印刷

购书咨询：010-64518888　　　　　　　　　　售后服务：010-64518899
网　　址：http://www.cip.com.cn

凡购买本书，如有缺损质量问题，本社销售中心负责调换。

定　价：29.80元　　　　　　　　　　　　　　　版权所有　违者必究

历史穿越报
夏商西周卷

彭凡 著

化学工业出版社
·北京·

图书在版编目（CIP）数据

历史穿越报.夏商西周卷/彭凡著.—北京：化学工业出版社，2018.10（2025.3重印）
ISBN 978-7-122-32871-7

Ⅰ.①历… Ⅱ.①彭… Ⅲ.①中国历史-夏代-青少年读物②中国历史-商代-青少年读物③中国历史-西周时代青少年读物 Ⅳ.①K209

中国版本图书馆CIP数据核字（2018）第193714号

责任编辑：刘亚琦　丁尚林　　　　　　装帧设计：尹琳琳
责任校对：王鹏飞

出版发行：化学工业出版社（北京市东城区青年湖南街13号　邮政编码100011）
印　　装：天津裕同印刷有限公司
710mm×1000mm　1/16　印张12¾　2025年3月北京第1版第14次印刷

购书咨询：010-64518888　售后服务：010-64518899
网　　址：http://www.cip.com.cn
凡购买本书，如有缺损质量问题，本社销售中心负责调换。

定　价：39.80元　　　　　　　　　　　　　　版权所有　违者必究

夏朝帝王世系表

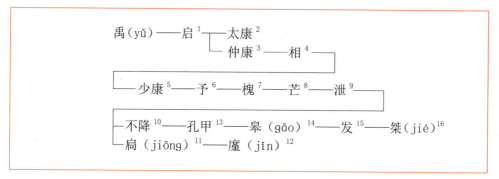

商朝帝王世系表

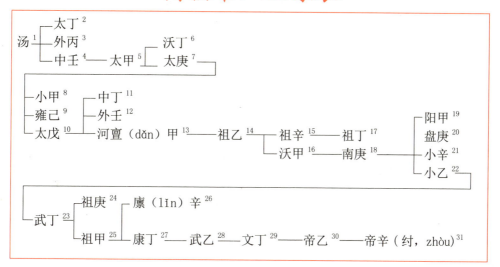

西周帝王世系表

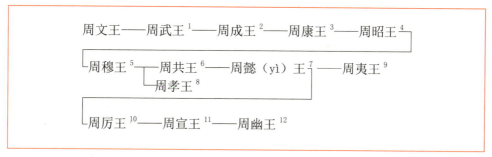

注：人名右上角数字为王位继承次序。

夏商西周卷

前　言

　　一般的历史书，记录的都是过去的回忆。但是，我相信，人们更想亲自回到古代，看看古人的真实生活、历史的真实面貌。

　　如果回到过去，你会发现，那时的土地，就像现在的房子一样金贵；那时的人们渴望飞上蓝天，就像我们今天渴望到达宇宙边缘一样执着；那时的人们发明火药、指南针，就像现在我们发明了电脑一样伟大……

　　那时虽然没有电视，没有网络，但也有数不完、道不尽的新闻。那时的人和现在的我们一样，也要学习、工作和娱乐，也会七嘴八舌地讨论当时最流行的话题，疯狂地崇拜明星。

　　例如，当花木兰从战场上回来后，女扮男装成了一种时尚；

　　当岳飞被秦桧害死后，老百姓一边痛骂秦桧，一边怀疑岳飞的真正死因；

　　当朱元璋从一个放牛娃变成皇帝后，全天下的放牛娃都受到了鼓舞；

　　……

　　现在，你是不是迫不及待地想回到古代，在第一时间了解这些新闻呢？别急，我们已经派人穿越到过去，将你想知道的事情一一记录下来，刊登在《历史穿越报》上啦。

　　为了方便大家阅读，我们将《历史穿越报》做成了合订本，一共

10本，每本12期，分别介绍了从夏朝到清朝十个阶段的历史。

我们的记者队伍非常庞大，他们分布在全国各地，将自己身边发生的新鲜事儿记录下来，寄到我们的编辑部。在这些记者中，有人喜欢记录重大事件，我们将这些稿件放在"天下风云"栏目；还有人喜欢搜集趣闻八卦，我们将这些稿件放在"八卦驿站"栏目。

《历史穿越报》还有一批非常勤奋的通讯员，每天穿梭在各大茶馆。不过，他们可不是去喝茶的哦，而是为了搜集百姓的心声，然后刊登在"百姓茶馆"栏目中。

我们还有一位大嘴记者，专门负责采访当时最杰出，或者最有争议的人物。他是一个非常大胆的家伙，就算是皇帝，他也要刁难一下，大人物对他的采访既期待又害怕。

此外，编辑们还选出了一部分读者来信和广告，刊登在报纸上。

总之，每一期报纸，既有精彩好看的新闻报道、另类幽默的名人访谈，又有轻松搞笑的卡通漫画、五花八门的宣传广告……翻开这本书，就如同亲身穿越神秘的上下五千年。

希望大家在读完这份报纸后，能更真切地了解中国五千年的历史，并能从中习得经验和教训，获得知识、勇气和快乐，让我们的穿越工夫没有白费。

目 录

第❶期 远古战皇

【烽火快报】 涿鹿之战，黄帝大败蚩尤 ……………………………………… 13
【天下风云】 到底选谁做首领好→普通老百姓也能当首领→围追堵截，
怎能治理好水患→大禹成功治理水患 ……………………………… 14
【新闻广场】 "先蚕娘娘"嫘祖→仓颉造字 ……………………………………… 21
【八卦驿站】 中华民族的龙图腾→娶个丑女做老婆→湘妃竹血泪斑斑 …… 25
【名人有约】 特约嘉宾：舜 ……………………………………………………… 29
【广 告 铺】 谁见过指南车→感谢信→用石头照出你的容貌 ……………… 31

第❷期 夏启建国，太康失国

【烽火快报】 "公天下"变成了"家天下" ………………………………… 33
【绝密档案】 大禹杀防风氏，为启铺路 ……………………………………… 34
【天下风云】 有扈氏造反啦→太康失国，后羿代夏→洛河边上，是谁在哭 … 35
【八卦驿站】 启是从石头里蹦出来的吗 …………………………………… 42
【名人有约】 特约嘉宾：启 …………………………………………………… 44
【广 告 铺】 要造箭，找老七→象牙换丝绸→求救信 ……………………… 46

第❸期　少康复国

【烽火快报】	寒浞杀后羿，建立寒国 ……………………………………… 48
【绝密档案】	揭秘寒浞的篡位史 ……………………………………………… 49
【天下风云】	枭雄寒浞的王图霸业→少康到底在哪里→忍辱负重，少康复国→上甲微为父报仇 …………………………………… 53
【八卦驿站】	乱国美人纯狐 …………………………………………………… 59
【名人有约】	特约嘉宾：少康 ………………………………………………… 61
【广　告　铺】	招领启事→卖奴隶啦→贵族子弟的公告 ……………………… 63
【智者为王】	智者第1关 ……………………………………………………… 64

第❹期　昏君亡夏

【烽火快报】	刘累御龙，孔甲乱夏 …………………………………………… 66
【天下风云】	酒池裂帛，妹喜红颜祸水→关龙逢被杀，话说多了也惹祸→夏王要粮食，我该怎么办 …………………………………… 67
【八卦驿站】	长夜宫被埋，是上天的警告 …………………………………… 72
【名人有约】	特约嘉宾：桀 …………………………………………………… 73
【广　告　铺】	夏王的公开招聘→寻牛启事→求助信 ………………………… 75

第❺期　商汤灭夏

【烽火快报】	汤王要去见伊尹	77
【天下风云】	治大国若烹小鲜→汤为什么拉拢葛国→商汤被抓→鸣条之战的动员令→为了求雨，汤王甘愿自焚	78
【八卦驿站】	一道"银条"灭了夏王朝	85
【名人有约】	特约嘉宾：汤	87
【广 告 铺】	汤王的告示→推广《夏小正》→求救信	89

第❻期　太甲被逐与盘庚迁殷

【烽火快报】	大胆厨子，竟敢放逐天子	91
【天下风云】	太甲悔过自新→宫里长出桑谷，天子以德镇妖→要不要讨伐蓝夷→将都城搬到殷地去	92
【八卦驿站】	被埋在山顶的太甲	100
【名人有约】	特约嘉宾：盘庚	101
【广 告 铺】	要搬家，找路路通→盘庚的声明书→建议百姓轮流休耕	103
【智者为王】	智者第2关	104

第 ❼ 期　武丁中兴

【烽火快报】大王三年不管事 ··· 106
【天下风云】傅说真的是梦中圣人吗→野鸡飞进太庙中→给妇好的一封
　　　　　　回信→为母亲造鼎的文丁→季历死得真冤枉 ············· 107
【八卦驿站】趣谈"尸位素餐"→大王和天神谁厉害 ····················· 117
【名人有约】特约嘉宾：武丁 ··· 120
【广 告 铺】求九公斤重的铜钺→封侯令→公告 ························ 122

第 ❽ 期　纣王无道

【烽火快报】大王亲征东夷 ·· 124
【天下风云】酒池肉林，激起民愤→拿亲生女儿冒险，对还是不对→比干
　　　　　　惨死，心被挖出 ·· 125
【八卦驿站】王叔装疯 ··· 132
【名人有约】特约嘉宾：帝辛 ··· 133
【广 告 铺】转让桑树林→快来加入我们吧→抗议书 ··················· 135

第 ⑨ 期　武王伐纣

【烽火快报】	姬昌被纣王囚禁	137
【天下风云】	儿子被杀，父亲吃肉→姜太公钓鱼，早有预谋→牧野之战，商王朝从此覆灭→武王与虞侯原来是亲戚→怎么处理商朝的遗民→给伯夷与叔齐的一封回信	138
【八卦驿站】	飞廉造棺材	150
【名人有约】	特约嘉宾：姬发	152
【广　告　铺】	谁与我一起追随西伯昌→请大家拥护周朝→取之于民，还之于民	154
【智者为王】	智者第3关	155

第 ⑩ 期　周公旦摄政

【烽火快报】	武王病逝，周公旦摄政	157
【天下风云】	一句话惹来大麻烦→周公旦平定"三监之乱"→将权力还给成王	158
【八卦驿站】	桐叶封弟，天子无戏言	164
【名人有约】	特约嘉宾：周公旦	165
【广　告　铺】	向微子学习→第一道禁酒令→告诫顽民	167

第⑪期　周穆王西游与国人暴动

【烽火快报】	穆王出兵征讨犬戎 …………………………………………… 169
【天下风云】	周穆王西游，遇到西王母→虽无反意，却失国→为三个女人丢掉江山→百姓的嘴能堵住吗→硕鼠硕鼠，无食我黍→国人暴动，厉王逃跑→周宣王多管闲事 …………………… 170
【八卦驿站】	昭王南征，有去无回→养马也能得官 ……………………… 182
【名人有约】	特约嘉宾：姬静 …………………………………………… 186
【广 告 铺】	宣王不再"籍千亩"→倡议书→希望大家好好反省 …… 188

第⑫期　烽火戏诸侯

【烽火快报】	老天爷要抛弃周王朝了吗 ………………………………… 190
【天下风云】	美人褒姒，为什么从来不笑→周幽王烽火戏诸侯→一句话惹来大麻烦→申侯引狼入室，犬戎攻破镐京 ………… 191
【八卦驿站】	生意人为什么要叫"商人" ………………………………… 198
【名人有约】	特约嘉宾：郑伯友 ………………………………………… 199
【广 告 铺】	某大臣的请求书→来自虢、邻两国的公告→求医公告 … 201
【智者为王】	智者第 4 关 ………………………………………………… 202
【智者为王答案】	……………………………………………………… 203

第❶期

【约公元前 2097 年—前 2033 年】

远古战皇

穿越必读 ▶

在远古时代，长江、黄河流域分布了许多大大小小的部落，后来，黄帝逐渐统一各个部落，结成了部落联盟。而部落联盟的首领，是大家共同推选出来的，由上一任首领让给下一任，这种制度就叫做"禅让制"。

烽火快报

涿鹿之战，黄帝大败蚩尤
——来自涿鹿的加密快报

那些年，各个部落之间为了争夺地盘，常常发生战争，大家你打我，我打你，闹得不可开交。一些小部落就这样被几个大部落吞并。慢慢地，长江、黄河流域一带出现了三个比较强大的部落。

来自涿鹿的加密快报！

其中一个部落以黄帝为首领，早先住在西北方的姬水附近，后来搬到了涿（zhuō）鹿；另一个部落以炎帝为首领，但没有黄帝部落强大；还有一个部落以蚩（chī）尤为首领。

随着黄帝部落的日益强大，黄帝有了统一中原的想法。后来，黄帝与炎帝进行了战争，据说黄帝放出了熊、罴（pí）、貔（pí）、貅（xiū）、貙（qū）、虎六种野兽助阵。不过，后人说很有可能黄帝是率领着以这六种野兽为图腾的部族与炎帝交战。两次阪泉之战后，黄帝的势力更强盛了。炎帝也答应与黄帝结盟。

大约公元前2600年，蚩尤侵占了炎帝的地盘。蚩尤的士兵十分勇猛，炎帝打不过，只好向黄帝求援。

这些年，蚩尤到处侵略其他的部落，黄帝早就想除掉他了，于是，黄帝联合了其他几个部落首领，在涿鹿的田野上和蚩尤展开一场大决战（史称"涿鹿之战"）。

最后黄帝打败了蚩尤，声威大震，从此就成了中原部落联盟的首领。

到底选谁做首领好

谁来做首领?

黄帝以后的很多年,尧继承了部落联盟首领的位置。按照规矩,部落联盟中有什么大事,都要组织各个部落中的首领开会商议。

尧年纪大了,已经没有精力去管理部落中的各项事务。于是,他想把首领的位置让给一位贤能的人(这种制度叫做"禅让")。这一次,他又把四方的部落首领喊过来开会,让大家各抒己见,推荐人才。

会议上,有个名叫放齐的说:"你的儿子丹朱是个开明的人,继承你的位子很合适嘛。"

尧严肃地说:"不行,我儿子难道我还不了解吗?这小子品德不好,专爱跟人争吵,是万万担任不了管理职务的。"

另一个叫灌(huān)兜的说:"管水利的共工,工作倒做得挺不错,他可以担任首领的职务。"

尧仍然摇摇头说:"你们是不是都以为我老糊涂啦,虽然共工能说会道,表面上也恭恭敬敬,可他心里想的可是另外一套。用这种人,我不放心。你们再推荐几个,或者帮我到各地去物色物色。"

于是,这次会议没有商量出结果。

普通老百姓也能当首领

不久，尧又召开了一次会议，继续讨论继承人的事。

大家议论了半天，又提了几个人选，尧都不满意。

这时有人说："民间有一个叫舜（shùn）的小伙子，德才兼备，天下闻名，可惜只是一个普通百姓。"

尧说："普通百姓怕什么，只要他有大德大才，能够胜任首领就行。"

有人把舜的情况告诉了尧。原来，舜的母亲早亡，父亲又讨了一个老婆。后母给他生了一个弟弟，名叫象。

象是一个富有心计，而且非常傲慢的人，尽管这样，舜的父亲瞽叟（gǔ sǒu）还是对象宠爱有加。舜常常遭到父亲的冷落和弟弟的欺负，但依然能跟他们和睦相处，还非常孝敬父亲与后母。

尧听了，觉得舜这个小伙子德行确实不错，于是把自己的两个女儿娥皇、女英嫁给了舜，来考察舜的品行。

后母和弟弟见舜不仅得到了许多财物，还娶了两个漂亮的老婆，心里又是羡慕，又是妒忌，于是，他们决定和瞽叟一起除掉舜。

有一回,瞽叟叫舜修补粮仓的屋顶。等舜一爬上仓顶,象就偷偷地把梯子撤走了。接着,瞽叟就在下面放起了火。眼看就要葬身火海了,舜情急之中,想起了自己随身带的两顶笠帽。

他双手撑着笠帽,像张开翅膀的鸟儿一样从高高的仓顶跳了下来,一点儿也没有受伤。

过了段时间,瞽叟又叫舜去淘井。舜一跳下井,瞽叟和象就用石头和土把井口封死,想把舜活活埋在里面。

象以为哥哥必死无疑,得意扬扬地回到家里,跟父亲瞽叟说:"这个妙计是我想出来的呢。"说完就要分哥哥的财产。

哪知象一进屋,却看到哥哥正好端端地坐在屋里弹琴呢。原来,舜在井边掘了一个孔道,钻了出来。

象大吃一惊,赶忙跪下跟舜请罪。

舜笑了笑,说:"弟弟,刚才的事情我已经忘记了,你以后就跟着我吧。我事情多,正需要你帮我来料理呢。"

从此以后,舜还是像过去一样,和和气气对待他的父母和弟弟。这些事情传到尧的耳朵里,尧对这个女婿非常满意,于是把首领的位子让给了他。

百姓茶馆

老农阿乙

听说,新上任的部落联盟首领舜是个怪人。以前,他在家里耕田的时候,驾一头黄牛和一头黑牛,还在犁上挂一个簸箕。牛要是不听话,他不去打牛,却拿鞭子敲打簸箕,你说奇怪不奇怪。

让这么个人来当我们的首领,我真有点儿不放心呢。

放牛娃槐子

哈哈,这你就不知道了吧。他不打牛,是因为牛替人类耕田犁地,已经很辛苦啦,所以他不忍心鞭打它们。他敲簸箕,是因为黑牛听到鞭子的声音后,以为他在打黄牛;黄牛听到声音后呢,以为他在打黑牛。这样,两头牛就都听话啦!

巫师刀刀

呀,这样看来,舜还真是一个既善良又聪明的首领呢。难怪尧帝会选他当接班人,看来是一点儿也没选错啊。

围追堵截，怎能治理好水患

编辑老师：

你们好！

你们好，我叫鲧（gǔn），是黄帝的后代。这些年，很多地方遭了水灾，尧帝派人寻找能治理洪水的人，大臣四岳推荐我去，可尧帝对我不怎么放心，在四岳的一再坚持下，才答应让我去试试。

接到这个光荣又艰巨的任务后，我想，决不能辜负大家对我的期望，可是，我花了九年的时间，费了好大的力气，不但没将水患治理好，水患反而闹得更凶了。

后来，舜当上了部落联盟的首领，他到四方巡视时，见我始终没有将水患治理好，就撤了我的职，还把我流放到羽山。我一心只想把洪水治好，让天下百姓过上安宁的生活，可最后却落得这个下场，真是可悲啊！

鲧

鲧：

您好，听说您在治理洪水的时候，只知道水来土掩、造堤筑坝，结果洪水冲塌了堤坝，才使水灾泛滥得更加厉害。

我们认为，做事不仅要有埋头苦干的精神，还要懂得开动脑筋。很显然，您要治水，围追堵截是不行的，得想想其他的办法。

如今水灾已经夺走了无数百姓的生命，您的罪过也不小，所以舜帝把您流放到羽山，也是合情合理的，您还是想开一些吧！

报社编辑

（只可惜，鲧还没有收到这封回信，就死在了羽山。）

大禹成功治理水患

舜即位后,让鲧的儿子禹接着治水。禹得到治水的命令后,很发愁。

这天,他带领他的助手去查看水情。看着滔滔洪水,禹突然灵机一动,说:"你们看,这洪水虽然凶猛,但它终归还是水。水总是从高处往低处流,洪水也是一样!如果我们能顺着洪水的流向,把洪水引入大海,这不就解决了难题吗?"

找到了办法,禹立即带领助手跋山涉水,把洪水的源头、流经的地方都考察了一遍。

他们沿途看到很多座大山阻挡了洪水,使洪水改道,冲入了民众的家园。禹就说:"大山阻挡了洪水的道路,我们要在群山间开凿沟渠,'帮助'洪水流进大海!"

考察完毕后,禹和大家一起,带着石斧,扛着石刀,风餐露宿,日夜劳作,凿了一座座大山,开了一道道河渠。

为了治水,禹起早贪黑,脚趾甲都被水泡得脱落了。但他还是不肯休息,甚至几次路过家门口,听见自己孩子的哭声,都没有进去。

舜年老以后,开始为自己物色优秀的接班人。因为禹治水立下了汗马功劳,大家就一致推选禹。舜去世以后,禹就做上了部落联盟首领。

"先蚕娘娘"嫘祖

当时,部落里越来越多的女人开始学着养蚕、织布了,什么?你问养蚕是谁发明的?这你都不知道?当然是黄帝的妃子嫘(léi)祖啦!

黄帝统一中原后,带领大家种五谷,驯养野生动物,制造生产工具,而做衣服、帽子的细致活,则交给了自己的妃子嫘祖。

嫘祖经常带领妇女们上山剥树皮、织麻网,她们还收集各种野兽的皮毛,加工成衣服。不久,部落的大小首领都有了新衣服。可是,嫘祖却因过度劳累病倒了。她什么都吃不下,一天比一天消瘦。大伙儿见了非常焦急,想尽办法,做了好多嫘祖爱吃的东西,可嫘祖的病情却没有一点儿好转。

这天,部落的几个女人经过商量,打算上山去摘些野果回来给嫘祖开胃。可是,她们跑遍了附近的大山小山,摘来的果子却都是涩涩的。直到黄昏的时候,她们才在一片桑树林里发现了一些白色的小果子。眼见着天就要黑了,大伙儿顾不得尝一口,就将这些白色的小果子带回家去了。

回到家里以后,她们将白色小果子拿出来尝了尝,发现什么味道也没

新闻广场

有，又用牙咬了咬，竟怎么也咬不破。大家正不知该怎么办好，共鼓走了过来，出主意说："你们不是有火有锅吗？咬不破就用水煮呀！"

几个女人心想也是，就将这些白色小果子放进锅里，加上水，点火煮了起来。煮好之后，她们又捞出来用牙咬，依然咬不破。有个女人不甘心，顺手拿起一根木棍，插进锅中搅了起来，边搅边说："看你熟不熟！"

女人搅了一阵，锅里的白色小果子竟变成了雪白柔软的细丝，她们觉得奇怪，就把这事儿告诉了嫘祖。嫘祖仔细看了看这些细丝，又询问了白色小果子的来历，最后，她高兴地对大家说："这可不是果子，它的用处大着哩！"

从那以后，嫘祖的胃口就一天天好了起来。等到嫘祖的病痊愈之后，她就亲自上山，在桑树林里观察这种白色小果子。

几天后，她终于弄清楚，原来这是由一种虫子吐出的细丝绕成的。她赶紧将这件事报告给了黄帝，并请求黄帝下令保护山上的桑树林。黄帝十分赞同。

从此，我国人民开始栽桑养蚕，并织出了丝绸的布料。为了纪念嫘祖的功绩，大伙儿就尊称她为"先蚕娘娘"。

看你熟不熟！

仓颉造字

仓颉（jié）是黄帝手下的一个官员，专门负责管理牲口和粮食。不过，牲口这么多，仓颉怎么记得住到底有多少头牛、多少头羊呢？

不用怕，仓颉想了一个好办法。他找来各种颜色的绳子，代表各种不同的牲口，然后在绳子上面打结，一个结就代表一头牲口。不过，打结容易，解结就难了。于是，仓颉又想了一个办法，在绳子上挂贝壳，这样挂上去、取下来，都很容易。

黄帝见仓颉这么能干，大大地夸奖了他一番，然后把更多的事情交给他管，比如，统计祭祀的次数、人口的数量等。这可不是一个小数目，得挂多少贝壳呀，仓颉又犯难了。

有一天，仓颉去打猎，走到一个三岔路口，看到几个老人在吵架。一个老人说："东边有羚羊，我们应该往东走！"一个老人说："北边有鹿群，应该往北走。"还有一个老人说："西边有老虎，往西走才对！"

仓颉觉得奇怪，问："咦，你们是怎么知道的？"

老人们回答说："你看，路上有羚羊、鹿群和老虎的脚印呀！"

仓颉听了，产生了灵感，心想：一种脚印，就可以代表一种野兽；那一种符号，是不是也可以代表一种东西呢？

想到这里，他立刻跑回了家。一段时间后，仓颉创造了不少符号，并把自己的成果报告给黄帝。黄帝又大大夸奖了他，并派他到处去推广这些符号。于是，文字就这样出现了。

新闻广场

现在,大家都知道有个叫仓颉的人会造字,不仅黄帝夸他,所有人都夸他。渐渐地,仓颉变得骄傲起来,造字也不像以前那么专心了。

有一天,一个白胡子老人找到仓颉,问:"仓颉啊,我问你,你造的'马'字、'驴'字和'骡'字,都有四条腿,为什么'牛'字却没有呢,还多了一条尾巴呢?"

仓颉一听就脸红了,原来,他把"牛"字和"鱼"字颠倒了。

接着,老人又指出了仓颉好几个错误。而这些错字,已经传遍了整个部落,没办法更改了。仓颉这下慌了,没想到自己一时大意,竟然犯下了这么严重的错误。

他赶紧跪下来,承认了自己的过错,并表示从今以后,再也不粗心大意了。从那以后,仓颉每造一个字,都小心翼翼地征求别人的意见,造出来的字再也没有出现过问题。

中华民族的龙图腾

黄帝统一中原后,发现各个部落的图腾五花八门,有的是蛇,有的是马,有的是羊,有的是虎……为了让大家团结起来,黄帝决定,从这些图腾中选一种图腾,作为部落联盟的标志。

可是,选哪个部落的图腾好呢?黄帝左看看,右看看,觉得都还挺不错。那些部落首领呢,一个个眼巴巴地望着黄帝,都希望自己部落的图腾被选上。黄帝也有些为难了。

一天晚上,电闪雷鸣,大雨倾盆,突然,空中划过一道亮光,黄帝似乎在亮光中看到了什么。第二天一大早,黄帝就把大臣仓颉和风后叫来,说:"我想到一个好办法,咱们把各种图腾的长处结合起来……"

于是,就出现了这样一种图腾:它有蛇的身体,鱼的鳞片,马的脑袋,狮的鼻子,老虎的眼睛,牛的舌头,鹿的角,象的牙,羊的胡须,鹰的爪子,还有狗的尾巴。

那么,给它取个什么名字好呢?仓颉建议说:"不如,就叫它'龙'吧。龙既能腾云驾雾,又能翻江倒海。"

黄帝高兴地说:"好,就叫龙!"从那以后,龙就成了咱们中华民族的图腾。

八卦驿站

没人抢我!

娶个丑女做老婆

有一段时间,部落里非常流行"抢婚",什么是"抢婚"呢?就是看谁长得漂亮,就把谁抢回家做老婆。黄帝怕这样下去,部落会发生内乱,于是一再下令禁止"抢婚",可大家不但不听,还抢得更起劲了。为此,黄帝伤透了脑筋,可又想不出什么好办法。

一天,黄帝去河边散步,遇到了一个打水的女人。黄帝觉得奇怪,走过去问:"咦,你怎么敢一个人出来,就不怕被人抢走吗?"

女人回答:"我长得这么丑,谁会抢我?"

黄帝仔细一看,这个女人果真长得又黑又丑。黄帝又问:"你家里有些什么人呢?"

女人说:"本来还有母亲和一个哥哥,可是前两天,哥哥被抢婚的女人抢走了,只剩母亲和我了。"

黄帝吃了一惊:原来,抢婚不仅是男人抢女人,还有女人抢男人啊!

黄帝继续问:"你叫什么名字?是哪个部落的?"

女人回答:"我没有名字,别人都叫我'丑女',我是祁(qí)部落的。"

望着眼前的"丑女",黄帝若有所思。他回去后,把大臣找来,说:"虽然我有三个妻子,可她们都有各自的工作,不能陪伴我。所以,我想再娶一个,你们去帮我找找看吧。"

黄帝要娶老婆的消息,立马在部落里"轰炸"开了。人们纷纷把自己部落里最美的女人送到黄帝面前。还有些人,把自己抢来的美人都送过来了。可是,这么多美人,黄帝竟然一个都没看上。大家纳闷了:黄帝到底

八卦驿站

想娶一个什么样的老婆呢？

黄帝神秘地笑了笑，说："只看重美貌，不看重德行的人，是肤浅的；只有看重德行，不看重美貌的人，才是真正的贤人。"

大家听了恍然大悟，原来，黄帝要的是品德高尚的女子，而不是那些徒有其表的美人啊。他们都觉得很羞愧，自己和黄帝的思想境界比起来，那可差远了。

最后，黄帝娶了祁部落的丑女为妻，并赐了她一个封号——嫫(mó)母，让她管理后宫。

从那以后，部落里"抢婚"的习俗，慢慢消失了。

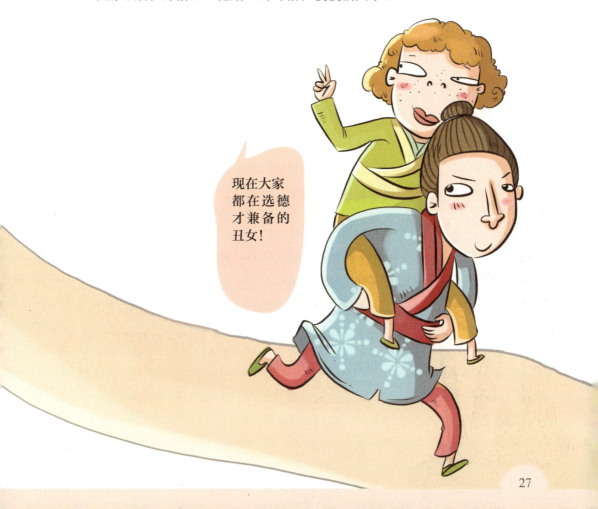

现在大家都在选德才兼备的丑女！

湘妃竹血泪斑斑

舜当上部落联盟首领后，每五年就会按照惯例，去全国各地巡游。每一次，舜除了带上大臣外，还会带上娥皇和女英。三个人非常恩爱。

这一年盛夏，舜又带着娥皇和女英来到洞庭湖。因天气异常炎热，舜便将娥皇和女英暂时留在洞庭湖的君山，自己继续南巡。

一天晚上，女英忽然在睡梦中见到了舜，他坐着一辆华丽的瑶车，从天空慢慢降下来，对她说："我已经离开了人世，到达了天宫，请你们不要悲伤，人生在世，总有一天会分离的。"

女英醒来之后，担心梦境是真的，赶忙找到娥皇，把这个梦告诉了她。娥皇假装镇定地说："这只是个梦而已，一定是你太挂念大王了，所以才有了这样的梦啊！"实际上，娥皇心里也很着急。

过了一段时间，有人来报，说舜在苍梧山逝世。听到这个噩（è）耗，娥皇和女英悲痛万分，哭了一回又一回。不久，两姐妹的眼泪哭干了，眼中便流出一滴一滴的鲜血来。在一个风雨交加的夜晚，姐妹俩打扮了一番，手牵着手，一起跳进湘江中，追随舜帝去了。

而她们流出的点点血泪，洒在洞庭湖君山的翠竹上，便成了竹子上的斑点。于是，人们将这种有斑点的竹子叫"斑竹"，又叫"湘妃竹"。

名人有约

大嘴记者　　特约嘉宾：舜

身份：部落联盟首领

大：大嘴记者　舜：舜

大：首领好！（端详良久）像您这样眼里有两个瞳子的人，我还是头一次见呢！

舜：呵呵，这叫"重瞳"。

大：对了，听说你们家是黄帝的后裔，怎么家里没一个做官的呢？

舜：每一个大家庭都有没落的时候呀！我们家五代都是平民百姓，直到我这一代，才出了个首领。

大：您母亲死得早，父亲又是个盲人，那你们一家人是怎么过来的呀？

舜：我在山上耕过田，在雷泽捕过鱼，在黄河岸边制过陶器……总之，要尽力养家糊口。

大：哇！那您真是太不简单了。（竖起大拇指）当尧帝把部落联盟首领的位置传给您时，大家都说您是半路杀出的一匹黑马，您对此有什么看法？

舜：可能因为我脑子笨，没有花花肠子，尧帝才会赏识我吧，有人说，愚人的运气比较好。

大：哈哈，您这哪里是愚，是实在呀！不过，尧帝三年丧期满后，您就

名人有约

把首领的位置让给了丹朱，自己跑到南河的南岸躲了起来。这是怎么回事？

舜：当时我认为，丹朱是尧帝的儿子，首领应该让他来当。

大：可实际情况是，诸侯们都不朝见丹朱，却跑到南河来见您；打官司也不找丹朱，只找您……这说明，天下人都只愿意归附您，不愿意归附丹朱啊！

舜：我也觉得这是天意，所以又回来当首领了。

大：请问，您作为部落联盟的首领，都有些什么打算呢？

舜：我自己日子好过了，也不能让百姓受苦啊。所以我要治理水患，发展生产，好让大家都安居乐业。

大：难怪这些年来，百姓的日子都好过多了。听说，尧帝时期没有得到任用的"八恺（kǎi）"和"八元"的后代，现在都得到了您的重用，能具体说说是怎么回事吗？

舜："八恺"是八个和善的人，"八元"是八个善良的人。这十六个家族，世世代代都保持着先人的美德，自然应该得到重用。

大：那您给他们安排了一些什么职务？

舜：我让八恺的后代管理土地，让八元的后代传播道义。到目前为止，他们都做得很好。

大：果然是慧眼识英才。我相信，在您的带领下，百姓的日子一定会越过越好！再见！

广　告　铺

谁见过指南车

听说,黄帝发明了一种指南车,可为人指示方向。当年,黄帝与蚩尤决战时,它还立下了不小的功劳呢!只可惜,我从来都没有见过指南车,不知道有谁亲眼见过这东西,能给我具体描述一下吗?要是弄一辆给我亲眼瞧瞧,我就更感激了。

某老百姓

感谢信

我家世世代代都是穷老百姓,前一段时间,家里实在穷得过不下去了,只好把孩子卖了。这事被治水的禹知道后,他二话不说,自己掏钱帮我把孩子赎了回来。我们全家都对禹感激不尽。我发誓,等孩子长大后,我一定要让他报答禹。

种田的小稼

用石头照出你的容貌

爱美的女孩子们,你们想看到自己的容貌吗?让我告诉你一个不用河水照,也能看到自己容貌的方法吧。很简单,只要你将一块石头磨平(一定要磨得很平哦),就能在上面看到自己的样子!还等什么呢,赶紧试试看吧。

镜子的发明人:嫫母

第 ❷ 期

〖约公元前2033年—前1943年〗

夏启建国，太康失国

穿越必读 ▶

大禹死后，儿子启继位，从此，禅让制变成了世袭制，中国进入了第一个奴隶制王朝——夏朝。夏朝第二任君王太康只知道打猎玩乐，有穷部落的首领后羿（yì）趁机篡夺了王位，史称"太康失国"。

"公天下"变成了"家天下"
——来自会稽的加密快报

公元前2033年左右,伟大的治水英雄大禹在一次巡视中,病逝在一个叫会稽(kuài jī)的地方。对此,人们表示了沉痛的哀悼,同时也在关心另一个问题,大禹还会像三皇五帝那样,实行禅让制,推举贤能之人做天下部落联盟的首领吗?

其实,早在几年前,大禹就邀请了各地的部落首领开会,选出了伯益作为首领的继承人。然而,大禹一死,他的儿子启不服气,造反推翻了伯益,自己当上了首领。

启的即位,宣告了禅让制的结束,世袭制的开始。什么叫世袭制呢?就是一个君王死后,将王位传给自己的儿子。

从此,中国历史上第一个奴隶制王朝——夏朝建立起来了,"公天下"变成了"家天下"。

来自会稽的加密快报!

大禹杀防风氏,为启铺路

据说,大禹在世的时候,就想把部落联盟首领的位置传给儿子启,但他怕大家反对,所以从不在公开场合说要传位给儿子,而是装模作样地召开禅让大会,推举伯益为自己的接班人。暗地里,他却安排启和启的亲信担任重要的职务。日子一久,启的势力越来越大。

在部落首领中,有一个叫防风氏的人,他曾经跟着大禹一起治水,立下了很大的功劳,威信也很高。防风氏觉察到大禹的企图后,急忙劝阻他,说:"禅让制是先人传下来的,不能随便更改。"大禹听了,表面上虽然没说什么,却对防风氏怀恨在心。

一次,大禹又组织各个部落首领开会,他清点了一下人数,咦,怎么少了一个?仔细一看,原来防风氏还没来呢!大禹的脸色一下子就沉了下来。

过了好一会,防风氏才气喘吁吁地赶过来,解释说:"我在来的路上遇到洪水,所以迟到了……"

然而,大禹二话不说,就叫人把防风氏拖出去斩了。各个部落首领大惊失色,可一看到大禹眼中腾腾的杀气,又都吓得不敢做声了。

就这样,可怜的防风氏因为一次小小的迟到事件,丢掉了性命。从那以后,大禹在部落首领中树立了绝对的威信,也为后来启的继位铺下了一条道路。

有扈氏造反啦

自从启做了天下的大王后,位于西方的有扈(hù)氏一直不满。他先把族人都召集起来,又派人去联络其他部落,要他们一起反抗夏王朝的统治。

据知情人士透露,有扈氏与启本是同宗,两人有亲戚关系。刚开始时,有扈氏的谋反举动,启还没有放在心上。一家人,何必闹得兵戎相见呢?所以,启还是给足了有扈氏面子的。

谁知,有扈氏并不识抬举,他一定要起兵搞垮夏朝。其实,有扈氏名义上是要讨伐启这个窃国贼,心里却是眼红启的权力:"你做得了大王,为什么我就不可以呢?你的王位不也是从伯益手里抢来的吗?"

启终于忍无可忍了,决定发兵征讨这个不要命的亲戚有扈氏。

然而,第一年打仗的时候,启的军队被打败了。启问部下:"我的土地比有扈氏宽广,子民

天下风云

也比他多，为什么就打不赢呢？"

部下们都默不作声，不知道怎么回答才好。这时，启又接着说："我失败的原因就是我的德行还不够。第一，我做大王确实是名不正，言不顺；第二，我与有扈氏有着血缘关系，我部族里的战士动起手来，于心不忍。"

听了他的分析，部下们都点头称是。之后，启做了三年时间的休整，国家的经济与兵力提高了不少。终于，时机到了，他决定再次征讨有扈氏。

在决战之前，启做了一次极富有感染力的演讲。他对他的子民说："有扈氏犯了弥天大罪，他才是违背天意、背离宗族的人。我曾几次警告他，宽容他，他都不听劝告。因此上天才给了我这个机会，要我再次出兵剿灭他，大家也不要因为我跟他有血缘关系，就觉得这事是不道德的。"

启还说："在战场上，你们都是在执行上天的旨意，要努力杀敌，不准退缩。作战勇猛的人，我会在祖庙里对他进行奖励；贪生怕死的人，我就会把他，连同他的妻子儿女当成祭品。同时，战争所抢夺的财物，大家可以跟我一起平分。"

当然，大家都不想被当成祭品，于是个个摩拳擦掌，斗志昂扬。经过几次战斗，启终于打败了有扈氏，从而巩固了自己的政权。

太康失国，后羿代夏

我就是爱打猎和旅游。

"嗖嗖——"几支箭飞过，树林中，一只奔跑的梅花鹿哀鸣几声，倒在了地上。

"嗒嗒——"一大队人马随后出现了，他们都是什么人啊，他们在干什么？

你们看，那个骑马跑在最前面的不是夏王太康吗？难道他又带领手下出来打猎了？败家子呀，败家子，整天就只知道骑马打猎，别的什么都不管，夏朝就要灭亡啦！

这时，有穷部落出了个叫后羿的首领。后羿箭术高超，是部落里人人仰慕的大英雄。他见夏朝在太康的统治下，百姓苦不堪言，就想把太康赶下台去，自己出来当大王。

一次，太康又组织一大批人，去很远很远的地方打猎。到底有多远呢？听说要跨过洛水，到北岸去呢！

太康这一走就是好几个月，后羿趁机号召了很多人，打到了夏朝的都城。

等到太康兴致勃勃地打完猎，尽了兴，准备回去的时候，却发现洛水南岸全是后羿的兵马。

天下风云

太康傻眼了，赶紧派人向诸侯求救，可是，诸侯早就对他死了心，谁也不愿意搭理他。太康回不去，只好沿着洛水流亡——现在，他倒是可以天天去打猎啦！

狡猾的后羿夺权之后，没有马上称王。因为他知道，夏王朝的势力还很大，不能硬来。于是，他当众宣布了太康的罪过，说他整天游手好闲，欺压百姓，这样的人不配做大王！

老百姓听了，都拍手赞成后羿说的话。"对，这样的人就应该拉他下马！"大家想拥戴后羿做大王，不过，后羿委婉地拒绝了。他认为时机还不成熟。

于是，后羿扶持太康的弟弟仲康做了夏朝的大王，自己躲在幕后，一手把持朝政。为了巩固自己的势力，后羿大肆拉拢朝廷上下的官员，同时把自己的亲信安插在各个重要的岗位上。就这样，后羿的势力越来越大，夏王朝也名存实亡了。

仲康由于心情不痛快，很快就死了。他的儿子相继承了王位。相不想做傀儡，他暗中笼络了一些族人，想把后羿赶下去，复兴夏王朝。

当然，后羿是不会让相得逞的。最后相没办法，只好带着一家老少，逃去斟灌氏那里了。

不久，后羿就称王了，国号有穷。

百姓茶馆

射手小兵

我听说，尧帝时期也有一个叫后羿的神射手。那时候，天上出现了十个太阳，把大地烤成了一片焦土。田里长不出庄稼，河里的水也干了，毒蛇猛兽全都跑了出来，到处吃人……

夏三嫂

这时，后羿出现了。他拿起一把神弓，"嗖嗖嗖"一连朝天上射了九箭，把九个太阳都射没了。他还警告最后一个太阳："从今以后，你要乖乖地听话，每天从东边升起来，从西边落下去。这样，我就不射你了。哈哈！"

周二叔

后羿还用他那把神弓，把毒虫猛兽全都射死了。这下子，百姓们终于可以过上好日子啦。真希望这个后羿，也像尧帝时的后羿一样，带领我们大家过上好日子。

某记者

哼哼，你们说的这些，我统统不信。我说你们这些人，怎么就知道宣扬迷信呢……哎哟，谁拿鸡蛋丢我！

洛河边上，是谁在哭

编辑老师：

　　你们好，我是洛河边的一个农夫，这些天，我发现了一个奇怪的现象：每天都有五个大男人跑到洛河边上哭，一边哭还一边唱歌，看上去好可怜哦。

　　我很想知道，他们为什么哭得这么悲伤，可是我胆子小，不敢靠近他们。所以，我想请你们来洛河边看看，到底是什么情况。说不定，我还可以帮助他们呢。

农夫

善良的农夫：

　　您好。我们已经派记者去洛河调查清楚了，那五个男人是太康的五个弟弟。太康被后羿流放后，他们五个也被赶到了洛河边。

　　眼看国家就要灭亡，他们心里难过极了，就作了一首歌（史称《五子之歌》，是中国最早的诗歌），每天在洛河边唱："祖先大禹曾经说过，百姓是国家的根本。根本稳固了，国家才会安宁。君王不能贪图女色，不要打猎玩乐，也不能修建豪华的宫殿。只要有一项，国家就会灭亡。"

　　"如今，太康违背祖先的训导，弄得百姓都仇视我们，王朝被人颠覆，连归宿都没有了。太康啊，你铸下了大错，我们心中是多么痛苦啊！"

　　唉，我想，您是帮不了他们了，还是让他们尽情地哭好了。

报社编辑

启是从石头里蹦出来的吗

据说,大禹治水的时候,有一天来到轩辕(xuān yuán)山,发现这座山又高又险峻(jùn),看来要想尽快疏通河道,以人的力量是不可能办到的了。

于是,大禹变成了一头力大无穷的大黑熊(编者认为,这事纯属迷信,变成大黑熊,可能是由于大禹治水被风吹日晒,以致黑得像熊一样),一掌下去,轩辕山就多了个缺口。

大禹每天忙着干活,没有时间回家吃饭。他的妻子涂山氏是个既漂亮又多情的人。她见丈夫老不回家,心疼不已,就用一个小篮子,装上饭菜,每天给丈夫送饭。

大禹怕自己变成黑熊的样子吓到妻子,就在山下装了一个大鼓,对妻子说:"我每次饿了,就敲响这个鼓。你听到鼓声,再来给我送饭。"涂山氏答应了。

这时,涂山氏已经怀有身孕,但她依然每天给丈夫送饭。

一天,大禹变成黑熊正在干活,一不小心,他踩动了几块石头,石头一路往下掉,刚好掉到大鼓上。"咚咚咚"——鼓声响起来了。

涂山氏在家里听了,想:奇怪,丈夫怎么这么早就饿了?但她顾不上多想,匆匆忙忙准备好饭菜,就直奔轩辕山。

她来到山脚下,并没有看到大禹,于是往山上望去,只见半山腰里,一头大黑熊干活干得正起劲呢!

这时,大黑熊也看见了妻子,冲她直笑。

涂山氏吓坏了,想:天啊,这头黑熊竟然是我的丈夫!来不及细想,她撒腿就往家里跑,等她跑到家门口时,突然发现自己动不了了。原来,她变成了一块大石头!

大禹见妻子跑了,马上明白自己吓着妻子了,赶紧变回原形,一路呼唤着,追了上去。追到家里,却发现妻子不见了,门口只有一块大石头,旁边还有一个饭篮子。

大禹明白了,这块石头就是妻子变的。他难过极了,冲石头叫道:"老婆啊,你至少得把孩子留给我呀!"

话音刚落,石头好像听懂了他的话,裂开了,从里面蹦出了一个粉嫩嫩的婴孩。这个小孩就是启。启,就是开启石头,得到儿子的意思。

人们都说,启这么残暴不仁,是因为从小没有母亲的缘故。

名人有约

身份：夏朝开国君王

大：**大嘴记者**　启：**启**

大：大王，您好！您作为中国历史上第一个奴隶制王朝的第一代君王，感觉怎么样？

启：哈哈，感觉相当不错。

大：据说，禹帝最开始选中的继承人既不是您，也不是伯益，而是一个叫皋（gāo）陶的人？

启：没错，皋陶在舜帝时就掌管刑罚，他执法严明，很受大家的爱戴，只不过死得早了点儿，没福分当大王。

大：传说，皋陶有一只名叫獬豸（xiè zhì）的神兽，它长得像羊，但只有一只角，不但能听懂人说话，还能识别善恶呢。皋陶遇到疑案时，就把獬豸放出来。獬豸顶谁，谁就是真正的罪犯，对吗？

启：……记者，你神话听多了吧。

大：嘿嘿，开个玩笑啦。对了，伯益应该也有一些过人的本事吧，不然，禹帝怎么会选他做继承人？

启：哼哼，他不就当过我父亲的治水助手吗？

大：就这？应该不止吧，反正伯益都死了，您就别顾虑那么多了，都告诉我吧。

启：嗯，你知道，以前，我们只能生活在河边，因为只有河里才有水。不过后来，伯益发现地底下也有水，只要打一口井，就能把地底下的水取出来。这样,我们就不必在河边定居了,也不用担心老是发洪水了。

大:哇,伯益真厉害,还有呢?

启(**不太高兴**):哼,还有什么?不就是教人怎么用火驱赶野兽吗!

大:这么说,伯益还真是了不起呢,很多人都崇拜他吧。您却为了争夺王位,把他杀了,有没有人找您麻烦呀?

启(**拍桌子**):人不犯我,我不犯人,他要不是先对我下手,我怎么会杀他!

大:啊?有这回事?

启:当然,我父亲死后,他怕我跟他抢首领的位置,处处排挤我,后来,还把我囚禁了。要不是我的人把我弄出来,到现在我还在小黑屋子里待着呢!你说,我能咽下这口气吗?

大:噢,原来是这样,看来权力的诱惑,果然比什么都大呀。

启:其实我父亲在位的时候,就觉得这个禅让制已经过时了,表面上看,大家你推我让,和和气气,好像谁也不在乎那个位置,暗地里大家却争得你死我活。我的爷爷鲧就是因为斗争失败,才会被杀害的,你以为真是治水失败?

大:啊,还有这种内幕?不会是您瞎说的吧?

启:我犯得着瞎说吗?总之,这样争来争去没意思,还不如父亲传给自己的儿子,儿子传给孙子,这样一来,也少了一些没必要的争斗,天下太平,不是件好事吗?

大:唉,好像也有点儿道理……

启:时代是在前进的,我们不能拘泥不化,逆天而行。今晚还有个宴会,我要表演歌舞《九韶》,你要是想不通,就慢慢想吧,我得先走了!

广告铺

要造箭,找老七

咱们有穷部落的人没别的长处,就是箭术好。像大王后羿,就是我们部落的杰出代表!上山打猎要用箭,上阵杀敌也要用箭……如果你想拥有世界上最好的箭,请赶紧来找我老七吧。

工匠老七

象牙换丝绸

昨天,我在山上捉到了一头成年大象,它的牙非常漂亮,不管是拿来当酒杯,还是当装饰品,都很不错。不过,我家里的象牙已经够多了,我想拿它换一些丝绸,或者粮食也可以,不知道谁肯与我交换?

某猎人

求救信

我来自有扈氏部落,原本是一个贵族的儿子。可是,自从有扈氏被启打败后,我们全家都成了夏朝的奴隶,只有我一个人逃了出来。

奴隶每天都要干很重很重的活,耕田、劈柴、挑水……还随时有可能被主人杀掉!太可怕了!我很想救出家人,但自己力量有限,不知道有没有人可以帮我?

安安

第 ❸ 期

〖约公元前 1943 年—前 1715 年〗

少康复国

寒浞（zhuó）杀死了后羿，建立寒国。接着，又杀了夏王相，彻底消灭了夏王朝。少康是相的儿子，他侥幸逃过了寒浞的追杀，并经过多年的努力，终于灭掉了寒国，重建夏朝。这次事件，历史上称为"少康中兴"或"少康复国"。

穿越必读

寒浞杀后羿，建立寒国
——来自帝丘的加密快报

后羿做了天下的主人之后，也渐渐骄纵起来。他自认为武艺高强，不把一般人放在眼里。他像当初的太康一样，到处游玩、狩猎，不理朝政，把大权交给了亲信寒浞。

来自帝丘的加密快报！

谁知，这个寒浞野心勃勃，他花了几年时间，陆续害死了后羿身边的亲信大臣武罗、伯因等人。其他大臣惧怕他的势力，慢慢都成了他的死党。

终于有一天，寒浞趁后羿打猎回来，联合那些亲信将后羿杀死了。

有人还说，寒浞残忍地把后羿的尸体煮熟，要他的儿子们来吃。后羿的儿子们悲痛万分，不忍心吃父亲肉，于是都自杀了。

后羿的死亡，标志着有穷氏政权的结束。寒浞这个不忠不孝不仁不义之徒，就这样夺取了有穷国的江山，建立了一个新的王国——寒国。

揭秘寒浞的篡位史

后羿箭术精湛,武艺高强,被人们称作箭神。他怎么会死在家臣寒浞的手里呢?

寒浞从小就整天在村子里游手好闲,抢别人的东西,还对人拳打脚踢。而他的父母不但没能好好管教他,反而一直纵容他。于是,少年寒浞就变得越发骄横无礼了。

终于有一次,寒浞失手打死了一个邻居。父母见事情闹大了,就批评了他几句,要他去自首。谁知寒浞一怒之下,竟然把自己的父母用绳子给捆了起来。

村民们见他如此大逆不道,就把他押到族长那里接受处分。族长非常恼火,立刻下令,把他赶出了部落。这时的寒浞刚13岁。

寒浞被赶出部落之后,流浪到了一座山中。在这里,他遇到了一位武艺高强的奇人,并跟着他学习武艺。

一年以后,寒浞武艺大成,心性残忍的他怕师傅把绝技再传给别人,竟然买了一包毒药,把师傅全家都毒死了。他匆匆卷走师傅的财物,又放了一把火,把师傅的房子烧得干干净净,再次开始了流浪生活。

绝密档案

这时，寒浞听说后羿是个了不起的英雄，于是辗转来到了都城斟（zhēn）寻，投奔了后羿。

后羿第一次见到寒浞，见他勇武有力，决定好好栽培，干脆认他做了义子。

不过，寒浞名声不好，好多大臣都很讨厌他。为了在朝中站稳脚跟，寒浞改掉了以前的坏习惯，突然变得规规矩矩起来。他一边讨好后羿，一边拉拢权贵，还立下了不少战功，很快，寒浞就当上了大将军，接着连连升迁。

晚年的后羿像其他许多君王一样，变得荒淫无度起来。寒浞一看，机会来了！后羿喜欢美色，寒浞就从全国挑选最美的女人献给他；后羿爱好打猎，寒浞又花大价钱买来许多良马，哄得后羿直夸他："有寒浞这样的好儿子，真是我的福分啊！"

朝中的大臣却看得明明白白，对后羿说："大王，寒浞这是想把您往火坑里推啊，这样下去，有穷国会亡国的呀。"

大臣说得没错，没几年，有穷国果然亡在了后羿的手中。

百姓茶馆

猎人老相

听说，后羿有个漂亮的老婆叫嫦娥。有一次，后羿得到了一包灵药，吃了就可以升天成仙。嫦娥知道后，悄悄把药偷走了，一口吞了下去。接着，神奇的事情发生了，她的双脚轻飘飘地离开了地面，朝天上飞去，飞呀，飞呀，一直飞到月亮上。于是，嫦娥就在广寒宫里住了下来，再也回不去了。

猎人老封

听说广寒宫里冷冷清清的，除了嫦娥，就只有一只兔子和一个整天砍树的吴刚，嫦娥找不到人说话，一个人寂寞极了。唉，早知今日，又何必当初呢！

某记者

你们两个不要胡说八道了，真相是这样的：后羿被寒浞杀死后，他的妻子嫦娥也被寒浞霸占了。什么"广寒宫"，其实就是"寒浞的宫殿"嘛。

枭雄寒浞的王图霸业

俗话说：斩草不除根，春风吹又生。寒浞建立寒国后，先是对后羿的族人展开了一场大屠杀，接着，就盘算着向夏王朝的残余势力下手了。毕竟，他现在拥有的，只是夏王朝的半壁江山。

不过，这时的寒浞刚刚坐上王位，还没法与夏朝对抗。于是，他一方面日夜练军，养精蓄锐，另一方面密切关注着夏朝的一举一动，做好防范工作。

果然，第二年的春天，夏王姒（sì）相就联合诸侯斟寻氏与斟灌氏，各自率领一路大军，前来攻打寒国。由于寒浞早有准备，这些军队只好装腔作势地喊了一通，无可奈何地撤退了。

这次征伐，对寒浞触动很大，更加坚定了他消灭夏朝的决心。

于是，寒浞在国内继续招兵买马，增强国防力量。为了赢得老百姓的支持，他还采取了一系列措施，削

富济贫，减轻赋税，人们的生活水平渐渐提高了，寒国也慢慢强大了起来。

据说，寒浞的手下还有三位特殊的大将。第一位就是他的老婆姜蠡（lǐ），她身材魁梧，武艺高强，是战神蚩（chī）尤的后代。还有两位是他们的两个儿子——寒浇和寒戏。这两个儿子不仅像母亲一样力大无穷，勇猛善战，还像父亲一样机智狡猾，十几岁时，就开始上阵杀敌了。

接下来的几年，寒国不时向夏朝发动战争，俘虏了大批老百姓，给功臣们做奴隶。

公元前2003年，寒浞的大儿子寒浇在灭掉了斟灌氏后，乘胜向斟寻氏发动了进攻。斟寻氏听到兄弟战死的消息，早就按捺不住了。双方在潍（wéi）河上展开了一场决战。

潍河水面宽阔，水流湍急。斟寻氏的士兵大多不会游泳，只能在船上与敌人厮杀。寒浇知道这个秘密后，就派人潜到水下，凿穿了斟寻氏的战船。结果斟寻氏的战船漏水，全军覆没，斟寻氏的百姓全部沦为了寒国的奴隶。

没有了斟寻氏与斟灌氏，夏王姒相就失去了左膀右臂。

公元前2002年，寒浞大军攻入夏都帝丘，杀死了姒相和他的族人，还对城中的大臣、百姓展开了一场灭绝人性的屠杀。一时间，帝丘血流成河。

夏王朝也因此彻底灭亡，天下全部落入了寒浞手中。

少康到底在哪里

编辑老师：

你们好！我是寒浞，你们应该知道，我一直信奉的是"斩草不除根，春风吹又生"。我原本以为，夏王朝的子孙已经被我斩尽杀绝了，可我万万没想到的是，竟然漏掉了一个。

事情是这样的：在我攻破帝丘的那一天，夏王相的妃子后缗（mín）趁我不注意，从城墙的狗洞里爬了出去，逃走了。而这时，她已经怀有身孕。

后缗逃到了娘家有仍国，并生下了一个孩子，叫少康。听说这个孩子从小聪明伶俐，而且，他刚刚懂事时，他娘就把我怎么杀掉他的父亲和族人的事，统统告诉了他，并叫他长大后来找我报仇，夺回夏朝的江山！

哼，这个臭女人，我决不会让她的阴谋得逞！前一段时间，我听说少康正在有仍国给他姥姥看管牲口，就派大儿子寒浇去杀他，谁知少康得到消息，眨眼就跑得没影了。

如今，我也不知道他跑到哪里去了，听说贵报眼线多，人脉广，能不能替我找找少康？最好是替我当场杀了他，我寒浞绝不会亏待你们！

寒浞

寒浞大王：

您好！很抱歉，我们不能答应您的要求。我们报社的编辑都是遵纪守法的好公民，从来不干杀人的事。不过，您杀了少康那么多族人，现在还有什么说的。

忍辱负重，少康复国

少康离开有仍国后，逃到了有虞（yú）国。有虞国国君见他仪表不凡，打心眼儿里喜欢，就把自己的女儿嫁给了他，并赏给他一小块土地，以及五百个士兵。

少康有了自己的"领土"和"军队"，一边效仿夏朝的祖先，对百姓推行仁政，一边把那些被寒浞搞得家破人亡、流浪在外的人召集起来，告诉他们："只要跟着自己，不仅有饭吃，有酒喝，还能打回老家去！"很快，他就建立了一支夏朝的复国军。

但少康并没有急着报仇，因为他知道寒浞的实力还很强。他先是派兵攻打寒浇，接着又派兵消灭了寒戏。

公元前1962年，少康亲自领着复仇大军，打到了寒浞的老巢。这时的寒浞已经是个快80岁的老头了，别说打仗，连枪都拿不动啦，躲在深宫里不敢出来。

寒浞的手下见少康大军气势汹汹，心想：寒浞大势已去，咱们还是识点儿时务吧，说不定，还能保住自己和家人的性命。

于是，这些部将纷纷反叛了寒浞，他们冲进宫里，把寒浞绑得严严实实，推出去交给了少康。少康对寒浞恨得咬牙切齿，立刻下令，将寒浞处以极刑，同时将寒浞的族人斩尽杀绝。

现在，少康的仇终于报了，夏王朝终于回到了大禹子孙的手中。

上甲微为父报仇

少康复国后,王位又传了几代,传到第九代君王泄手中。这时,建都商丘的商国发生了一件大事。

商国的国君叫王亥(hài),在他的训练下,牛开始为人拉车运输货物。

有一次,他亲自赶着一群牛,驮着各种各样的货物,去有易国做生意。王亥长得英俊魁梧,再加上那些运货的牛,走在路上,吸引了不少姑娘的目光。

她们窃窃私语:"咦?这个人是从哪儿来的?""派头真不错!""牛还可以拿来拉货啊?这人真能干……"

有易国的男人听到后,非常气愤,心想:哼,不就是一个外地人吗,有什么了不起的!于是,他们跑到国君绵臣跟前,说王亥在有易国胡作非为,调戏妇女,不把有易国放在眼里。

绵臣信以为真,把部落里的男人叫到一起,包围了王亥的住所。

可怜的王亥,本来是来做生意的,根本就没有带多少人随行。他和同伴都还没明白怎么回事,就被这群男人活活打死了。而他们带来的牛和货物,也被一抢而光。

事情传到商国后,商人都震惊了。王亥的儿子上甲微又是悲伤,又是愤怒,他暗暗发誓:"我一定会为父亲报仇!"

后来,上甲微当上了商国的国君,他想:报仇的日子到了!他先是去找了河伯国的国君,对他说:"我的父亲生前跟您是好朋友,现在绵臣杀了我父亲,请您借我一支军队报仇吧。"

河伯的国君二话不说,就将一支大军交给上甲微。

上甲微领着大军,渡过黄河,杀气腾腾地奔向有易国。

绵臣慌了,赶紧派了一个使者,去向上甲微说明当年的情况。可上甲微根本不听,一刀把使者砍了,继续向前进军。

有易国哪里打得过河伯的军队,纷纷丢兵弃甲,四处逃命,绵臣也在混战中被杀了。

上甲微终于报了杀父之仇,之后,他把有易国的国土划并到自己国家,大大扩展了商国的疆域。

随着势力的强大,商国表面上臣服于夏朝,实际上已经产生了问鼎之心。就这样,商丘像一棵嫩芽,钻出了地面。

乱国美人纯狐

据说，后羿有一次坐着马车出去巡游。路过一座大山时，他突然玩性大发（大概是好久没射箭了，手痒痒了），要去山里打猎。

后羿骑的是一匹千里挑一的宝马，随从们都被他远远地甩在了身后。渐渐地，他一个人来到了大山深处。突然，他在一棵大树下发现了一位美人。自古英雄难过美人关，后羿不管人家愿不愿意，就把美人强行带回了家。

这个女人名叫纯狐，是一位诸侯的女儿，她并不喜欢后羿，因为这时的后羿已经有58岁了，比她爸爸的年纪还要大呢。

纯狐心想：这老爹爹又老又丑，怎么配得上我这样的美人？不过纯狐非常聪明，她表面上对后羿百依百顺，暗中却想除掉后羿。

可是，凭纯狐一个人的力量，怎能杀死后羿呢？于是，纯狐将目标瞄准了寒浞。很快，寒浞就被纯狐迷住了。两个人狼狈为奸，秘密筹划着弄死后羿。纯狐利用自己的美色，把后羿哄得团团转。在纯狐的唆使下，后羿把大权全都交给了寒浞。

八卦驿站

后羿的臣子们看出了他们的野心，于是一个个上书要除掉纯狐，并声称她是九尾狐狸精变的，是个祸国殃民的妖精。但是，后羿哪里听得进去，照旧对纯狐言听计从。

直到有一天，寒浞与纯狐在王宫里私会，当场被后羿抓住了。后羿大怒之下，想要杀掉寒浞。但是，已经年老力衰的后羿哪里是寒浞的对手。寒浞一看，来得正好，他早就想取而代之了，于是顺手就把后羿给杀掉了。

名人有约

身份：夏朝第五代君王

大：大嘴记者　**少**：少康

大：大王您好！您的名字和太康还真像呢。
少：呵呵，太康失国，少康复国，不是正好吗？

大：对了，我记得，您曾经派了一个叫女艾的将军去寒浇那里当间谍，这个女艾，到底是男的还是女的？
少：当然是女的。告诉你，在咱们夏朝，只要有真本事，不论男女，都能当将军。

大：哇，果真是一个没有性别歧视的时代啊。听说女艾还是咱们中国历史上第一位间谍呢！
少：呵呵，第一次就这么成功，相信后人一定会效仿的。

大：您的儿子予也很不错呀，不但消灭了寒浞的儿子寒豷，听说，他还发明了用兽皮制作盔甲的方法？
少：对，这种盔甲可结实了，一般的刀、箭很难砍穿、射穿。穿上它，我们军队的战斗力比以前强多了。

大：……只是兽皮而已，有这么厉害么？难道敌人的武器是用石头做的？
少：没错，就是用石头做的呀。

名人有约

大（嘀咕）：那倒是，也不看看现在什么时代。（正色）杼应该立下过不少战功吧？

少：是呀，东夷族就是他征服的，他一直打到了东海边，给咱们夏朝争取了不少土地呢。嗯，我还打算将王位传给他。

大：我们相信，您的选择是明智的。对了，大王，我一直想问您一个问题，听说，酒是您发明的（酒是杜康发明的，传说杜康就是少康），对吗？

少：嗯？你听谁说的？

大：很多人都这么说。说您在姥姥家放牧时，经常把带的饭挂在树枝上忘了吃，时间一长，饭就变了味。有一次，饭中的汁水滴下来，刚好滴到您嘴里。您尝了尝，觉得又香又甜，于是就反复摸索研究，不断改进，发明了酒……是这样吗？

少：哈哈！

大：……到底是不是真的？

少（笑而不语）：如果非要说是我，那就是我吧。不过我想说的是，这个就像火的发明一样，不是某一个人的功劳，而是很多人共同合作酿造而成的。

大（似有所悟）：您说的对。

少：小伙子，多关心点民生吧。现在天下安定，文化大盛，咱们的话题可以更多的。

大：大王，这都是您的功劳啊！您看看，您的曾祖父是个枭（xiāo）雄，您的爷爷是个昏君，到目前为止，夏朝还只出了您这么一个明君啊！

少：小伙子嘴很甜啊，喝的是什么酒啊？

大：大王是不是想喝酒了，走，采访也结束了，我请您喝酒去。（两人欢快地走出编辑部。）

广告铺

招领启事

　　昨天,我在路上捡到一个包裹,里面有一些黍(shǔ)子、粟米,还有两把石铲、三把石镰,不知道是谁丢的,赶紧来认领吧!

放牛娃小丁

卖奴隶啦

　　卖奴隶啦,卖奴隶啦,不管胖的瘦的,老的小的,男的女的,这里应有尽有。要漂亮的,没问题!要力气大的,没问题!要勤快的,也没问题!我们还可以根据您的要求,专门为您寻找合适的奴隶,赶紧前来购买(预订)吧!

奴隶贩子阿布

贵族子弟的公告

　　唉,为什么大家每次养家畜都是养猪,要么就是牛、羊;每次打猎,打回来的多半是鹿,害得我天天吃猪肉和鹿肉,吃得我都想吐了。难道就没有新鲜一点的动物可以吃吗?谁要是能献上一种我从来没有吃过的肉,我愿意送他一个金铃铛!

某贵族子弟

智者为王

智者第❶关

1. 黄帝在哪场战役中打败了蚩尤？
2. 中国人为什么自称"炎黄子孙"？
3. 什么是禅让制？
4. 尧将哪两个女儿嫁给了舜？
5. 大禹采用什么办法治好了水患？
6. 是谁发明了养蚕？
7. 仓颉发明了什么？
8. 中国历史上第一个奴隶王朝是什么？
9. 后羿是哪个部落的首领？
10. 后羿射日是真的吗？
11. 是谁发明了挖井取水？
12. 后羿是被谁杀死的？
13. 寒浞建立的国家叫什么？
14. 是谁推翻了寒浞的政权，重建夏朝？
15. 在夏朝，女人能当将军吗？

智者无敌　王者为大

第 4 期

〖约公元前 1715 年—前 1600 年〗

昏君亡夏

　　孔甲乱夏之后，王位传到了桀手中。桀是夏朝最后一个君主，也是历史上有名的暴君。他酷爱发动战争，修建宫殿，还自认为是天上的太阳，却不想百姓对他恨之入骨。桀一共在位 53 年，夏朝灭亡后，被放逐到南巢的亭山，最终饿死。

穿越必读

烽火快报

刘累御龙，孔甲乱夏
——来自斟寻的加密快报

来自斟寻的加密快报！

少康复国后，王位又传了几代，传到一个叫孔甲的人手里。孔甲是个昏君，喜欢装神弄鬼，胡作非为。

据说有一天，天上降下了两条龙（应该是比较大而且凶猛的水生动物），一条雌的，一条雄的，落在王宫外面。

孔甲大喜，就请来一个叫刘累的人，封他为御龙氏，让他把这两条龙养了起来。这个刘累根本不懂养龙的办法，他用养猪养牛的方法给龙喂吃的。

没过多久，雌龙就被养死了。这可是要掉脑袋的事情，因为孔甲还指望着骑龙上天呢！刘累吓得魂飞魄散，为了毁尸灭迹，便将它做成肉饼，献给孔甲吃。

没想到孔甲吃了，觉得味道很特别，继续向刘累索要，刘累只好偷偷地逃跑了。而这件事因此也成了一个笑话。

这种养龙的事情发生多了，各个部落的首领渐渐不把夏王朝放在眼里，纷纷叛离，再也没有人来朝拜，夏朝从此开始走下坡路（史称孔甲乱夏）。

酒池裂帛，妹喜红颜祸水

孔甲之后，王位又传了几代，传到桀手里。

前不久，桀发兵征讨有施国。因为有施国本来是臣服夏王，年年纳贡、岁岁来朝的，后来见王室衰败，朝廷腐败，就带头不朝不贡了。桀这次也是杀鸡给猴看。

有施氏打不过，就将部落里最美的姑娘、有施国的公主——妹（mò）喜像献牛羊一样献给了桀。

桀十分宠爱妹喜，常常把她抱在膝头。可妹喜因为远离娘家，整天闷闷不乐。桀见了，就找来很多会表演的人，轮番给她表演，她还是不高兴。

桀就问妹喜："美人，你怎么还不高兴啊？"妹喜答道："没什么意思。"

桀于是又想了个高招，让人做了个很大的酒池，让那些表演节目的人比赛喝酒。

那些人喝醉后，就稀里糊涂打了起来，有的人被打到池子里，还高喊："再来！再来！"

妹喜见了，就在一旁捂着嘴巴笑。为了让妹喜继续笑，桀天天组织大家喝酒，最后把宫里的女人也拉了进来。

女人们喝多了酒，打起架来甚至连衣服都撕破了。桀看了很不高兴。妹喜就说："大王，我最喜欢听撕布匹的声音了。"

桀立刻命人从国库里搬出几百匹精美的布帛（bó），要女人们在妹喜面前撕成一条一条的。宫廷里顿时充满了撕布声和嬉闹的笑声。

关龙逢被杀，话说多了也惹祸

一位叫关龙逢（páng）的大臣见桀整天和妹喜一起胡闹，实在不像话，就常常跑到桀的面前，劝他做一个好大王，要勤于政事，然而，桀哪里能听得进去他的劝说，不但没有改正，还变本加厉了。

一次，桀给妹喜修建了一座豪华的宫殿——倾宫，之后，他还想给美人修一个瑶台。桀把关龙逢叫来，让他负责这件事。关龙逢说："大王，工匠们刚刚修完宫殿，需要喘口气才行。修瑶台的事还是先放一放吧。"

桀很不高兴，说："你不用管那么多，只要尽早动工就好。"

一日，桀和妹喜正在饮酒作乐，妹喜提到了修瑶台的事。桀把关龙逢叫来，问："瑶台修得怎么样了？"

关龙逢却说："大王，您年年修建宫殿，老百姓已经苦不堪言了。如果您还这样不加节制地剥削百姓，他们都会造反的啊！"

桀不以为然，大声说："我是天子，是天帝的儿子。太阳每天都会升起，我就像天上的太阳一样！"

关龙逢迎头给他泼了一瓢冷水，说："大家都在说，'你这个可恨的太阳什么时候完蛋，我们都愿意跟你一同毁灭'呢！"

桀气得暴跳如雷，叫人把关龙逢拖出去杀了。

我是太阳，我怕谁！

百姓茶馆

奴隶老婆

关龙逄死得真冤枉，相对而言，太史令终古就聪明多了。以前，他常常哭着向桀进谏，可桀却骂他多管闲事。终古知道桀无可救药了，就投奔了商国的首领汤。

奴隶小拉

终古的选择是对的，各个诸侯早就不来朝拜了，据说，有的部落正在秘密筹划着推翻夏朝呢。

关龙逄的奴隶甲

我家主人常说，天子谦恭，讲究信义，节俭而爱护贤才，天下才能安定，王朝才会巩固。其实这个道理谁都知道啊，可这个桀已经走火入魔、病入膏肓（gāo huāng）了，再说这些有什么用呢？

奴隶老齐

忠臣死的死了，走的走了，桀身边就只剩下一些卑鄙小人啦。现在桀非常宠爱一个叫赵梁的奸臣，因为赵梁专门给他出馊主意，教他怎么寻欢作乐，怎么剥削、残害百姓。我看，这个"太阳"不会嚣（xiāo）张多久了。

夏王要粮食，我该怎么办

编辑老师：

　　你们好！我是有缗国的君王。由于夏王桀残暴荒唐，这些年，叛逃的诸侯越来越多，不过，我们有缗氏依旧忠心耿耿，每年按时向夏朝进贡财物。

　　前几天，我接到通知，夏王又要召开一次诸侯大会。我知道，开会没别的事，无非是要我们多贡献点儿财物。可是这些年，夏王要的贡品越来越多，我们自己的百姓都活不下去了，哪有那么多财物献给他？

　　所以今天开会的时候，我发了一些牢骚。夏王火了，点名要我准备一批粮食，给他送到都城去。我也火了，要不是别的诸侯拉住我，我当场就跟他翻脸！

　　明天，夏王一定还会逼我进贡粮食，我该怎么办好呢？

有缗国国君

有缗国大王：

　　您好！我们很同情您的遭遇。想当年，大禹为了治理洪水，亲自带着大伙儿东奔西走，三过家门而不入。而他的子孙呢，把先辈的优良传统都丢光了。每年的开耕仪式上，只知道拿着把玉铲随便挥挥，这像个耕田的样子吗？到了桀这一代，连仪式都不举行了，整天饮酒作乐，残害百姓。

　　夏朝已经腐败成这样，马上就要灭亡了，您又何必愚忠呢？我们建议您赶紧逃走，不然到了明天，您想走都走不了了。

（第二天有消息传来，有缗国君主连夜逃跑了。）

长夜宫被埋,是上天的警告

大家都知道,为了方便享受,桀一年到头都在修宫殿,都城里大大小小的宫殿多得数都数不清了。

可是,桀还是不满足,有一天,他突发奇想:老是把宫殿建在平地上也没什么意思,有没有更好的地方可以建宫殿呢?

他想啊想,终于想到一个好办法:哈哈,我要在山谷里建一座宫殿!于是,他立刻叫人选了一个风景优美的山谷,又抓来无数工匠,开始实现他这个"伟大"的创意。

工匠们日夜赶工,终于在最短的时间里建成了一座漂亮的宫殿,桀看了十分满意,给它取名叫长夜宫。

长夜宫虽然不如瑶台那么豪华,但环境幽雅,到处鸟语花香,桀经常和一些贵族来这里彻夜狂欢,一住就是大半个月,什么国家大事,统统丢到一边去了。

这天晚上,长夜宫跟往常一样灯火通明,突然,一阵狂风刮来,地上的落叶、尘土都被风卷起,漫天飞扬。风越刮越大,长夜宫的瓦片纷纷往下掉落,有些树甚至被连根拔起,宫里的人纷纷尖叫着往外跑。

可已经太迟了,又一阵狂风刮来,漫天的尘土瞬间将整个山谷掩埋……

不过,宫殿被埋的时候,桀正好不在宫里,百姓都觉得挺遗憾。还有些百姓说:"这是上天给桀的警告,如果桀还执迷不悟,一定会遭到报应的!"

名人有约

大嘴记者　　特约嘉宾：桀

身份：夏朝最后一个君王

大：大嘴记者　**桀**：桀

大：大王您好！哇，您看起来可真强壮，简直像头猎豹，不介意我这么形容您吧。

桀（向众人展示自己的肌肉）：哈哈，我只用一只手，就能把鹿角折断，把铁钩扳直。记者，要不要跟我比试一下手劲？

大（惊恐）：还是不要了，我可不想被您废掉一只手。大王，您看起来相貌堂堂，还很有英雄气概，做事怎么却那么……呃，荒唐呢？

桀（目露凶光）：你说什么？

大：没，没什么。大王，您喝口茶，消消气。

桀：哼，我不喝茶，只喝酒。（端起桌上的一壶酒，一饮而尽。）

大：大王大王，您别喝了，喝醉了咱们还怎么采访啊？

桀：哈哈，你敢小瞧我的酒量！告诉你，本大王喝过的酒，比你说过的话还多！嗯，说起喝酒，我想起一件事。有一次，我去郊外游玩，突然闻到一阵浓烈的酒香，那真是沁人心脾呀！

大：附近一定有个酒馆吧。

桀：我本来也这么认为，可是周围都是山，哪有什么酒馆啊。后来有人告诉我，是宫里的酒糟堆在这里，散发出来的酒香。我心想，有那么多酒糟吗？

名人有约

大（汗）：大王别忘了，您宫里的酒池大得可以划船呢。

桀：是啊是啊，所以我再一看，附近十多里都堆满了酒糟呢！……

大（汗）：大王，要不咱们再谈谈您的美人妹喜吧。

桀（喜笑颜开）：好，好！

大：听说，妹喜有三大爱好：一是看别人在酒池里划船；二是听绢帛被撕裂的声音；这第三嘛，我们就得向大王请教了。

桀：哈哈，三是喜欢穿男人的衣服，戴男人的官帽！

大（汗）：原来您这个美人还是个假小子啊，可真够特别的。

桀：哈哈，自从有了她，我的生活多姿多彩，她不是一般的女人啊。

大：不过大王，您别忘了，她本来是您的敌人，您打败了她的国家，让她成了您的战俘，她会心甘情愿地跟您吗？

桀（脸色一变）：你这是什么意思？

大：最近我听到一个传言，说妹喜是有施国派来的奸细，专门用美色来诱惑您，教您享享乐，喝喝酒，盖盖房，害害忠良，目的就是整垮夏朝，最后灭掉夏朝！大家都说她是千古第一狐狸精、祸水！

桀（大怒）：好你个记者，竟敢污蔑（miè）我的美人儿，来人，给我拖出去砍了！

大（撒腿就跑）：救命啊！哇呀呀！

广 告 铺

夏王的公开招聘

　　为了让美人儿妹喜开心，本王现面向全国，公开招聘能歌善舞的人，或者身材高大的巨人，或者矮小的侏儒等。只要是有特长、特点的人，不管男女老少，不论年纪大小，都可以报名参加。

桀

寻牛启事

　　前天，大王心血来潮，故意让人把一只老虎赶到集市上，好看看百姓逃命时是什么样子。唉，我的一头短尾巴黄牛就这样在混乱中丢失了，有谁见过我的牛一定要告诉我，那可是我们家一半的财产啊。

牛哞（mōu）哞

求助信

　　在这个缺衣少食的年代，丝绸布帛是多么稀有昂贵的物品啊，可大王为了让妹喜娘娘高兴，居然把大家好不容易做成的绸布撕了。这不是暴殄（tiǎn）天物吗？我的两个女儿因为不从，一个被处以劓（yì）刑（割掉鼻子），一个被处以刖（yuè）刑（砍断双脚或砍去膝盖骨）。这可叫我们一家怎么活啊！希望好心人看到这封信，能够帮帮我们。

赵阿婆

第 5 期

〖约公元前 1653 年—前 1582 年〗

商汤灭夏

穿越必读 ▶

商国是夏朝的一个诸侯国,它的首领汤见桀残暴不仁,而且毫无悔过之心,于是联合各国诸侯,发动了一场讨伐桀的战争。最终,汤消灭了夏朝,建立了商朝。

汤王要去见伊尹
——来自亳的加密快报

就在桀与妹喜整天花天酒地时，迁都亳（bó）的商国却在悄悄崛起。他的首领汤由于爱护百姓，深得民心。

这天，天刚蒙蒙亮，汤就起床了，因为他要去见一位很重要的人。汤洗漱完毕后，要马夫去准备出行的车辆。

马夫正在酣睡，这么早就被人叫醒了，他有点儿不高兴，于是就问汤："大王，您这么早就出门，是要去见谁呢？"

汤神秘地笑了笑说："我要去见伊尹。"

马夫惊讶地说："伊尹？我听说他只是个厨子，您有必要亲自去见他吗？如果您一定要见他，只要下令召见就行。能得到您的邀请，这对他来说已经是恩赐了！"

汤怒了，说："你一个小小的马夫，懂什么！如果现在有一种药，吃了它，耳朵就会变得更加灵敏，眼睛也会变得更加明亮，那么我将不计一切代价得到它。现在伊尹对于我，就好像这种良药，而你却不想让我见伊尹，这是不想让我好啊！"

于是，这个多嘴的马夫被汤开除了。这样一来，人们就更好奇了：这个伊尹到底是何方神圣，能让汤这么重视呢？

来自亳的加密快报！

治大国若烹小鲜

伊尹原本是有莘（shēn）国的一个奴隶，虽然身份低微，但他聪慧好学，既烧得一手好菜，又懂得治国的道理。

汤三番五次带着玉石、锦帛、马匹去聘请伊尹，可都被有莘王拒绝了。

最后汤没办法，为了得到伊尹，就向有莘国的公主求婚。有莘王一看，商是大国，却向自己这个小国求婚，正巴不得呢，于是答应下来，并把伊尹当做陪嫁的奴隶送给了汤。

见到伊尹终于来到了自己身边，汤高兴坏了，不过，汤并没有马上重用他，而是继续让他做厨师，好考察他一番。

为了让汤注意自己，伊尹故意将菜做得有时咸，有时淡。这天，汤终于忍不住了，把伊尹叫来"问罪"。

伊尹却不慌不忙地问："我想问大王，您认为天下最好的美味佳肴是怎么来的？"

汤含糊地回答说："天下最好的菜肴，不都是按照一定的方法来制作吗？你是厨师，当然比我懂。"

于是，伊尹侃侃而谈："做菜既不能太咸，又不能太淡。治理国家也是一样，既不能操之过急，也不能松弛懈怠（xiè dài）。一定要掌握好分寸，才能使国家繁荣，百姓安乐。"

汤听了恍然大悟，对伊尹佩服不已，于是封他为相国。从那以后，在伊尹的辅佐下，商部落变得越来越强盛了。

汤为什么拉拢葛国

编辑老师：

你们好！我是葛国的国君。葛国与商国是邻居，一直井水不犯河水。不过最近，我觉得商国的汤有些不对劲，他好像很想拉拢我们葛国。

他听说我国很久没有举行祭祀了，就派人来问我，为什么不祭祀。我说："我们葛国穷，没有那么多牛羊。"汤一听，立刻派人送了好多牛羊给我们。我看这些牛羊又肥又壮，就忍不住杀来吃了。

没几天，汤又派人来问我，为什么不祭祀。我说："我们的田里种不出庄稼，没办法祭祀。"没想到，他又派了好多人来我们葛国，帮老百姓种庄稼。

你说，汤这么做，到底有什么企图呢？

葛伯

葛伯：

您好！汤的意图很好猜，他之所以拉拢您，是想壮大自己的实力，将来好讨伐夏朝。

不过以目前的情况来看，您并不是一个好盟友。祭祀这么大的事，您不做就算了，还把祭祀的牛羊吃掉；您自己不关心民生就算了，汤派人帮老百姓种庄稼，还让一些老人、小孩去给派去的人送饭，您竟然派人在半路上拦住送饭的人，抢走他们的饭菜，甚至还杀了一个小孩。

我猜过不了多久，汤就会派兵来讨伐葛国，到时您的人民都不会帮您了，您好自为之吧。

报社编辑

（没多久，汤就向葛国发兵，把葛国消灭了。）

百姓茶馆

葛国人葛多

葛伯这种不仁不义之徒早就该死了。自从葛国灭亡后，很多诸侯都归顺了商国。那些不肯归顺的，汤王就去讨伐他们。现在，商国的力量越来越强大啦！什么时候汤能带大家去讨伐桀啊？

巫医阿蒙

听说汤王不仅能征善战，还非常仁慈呢。有一次，一个人在林子的四面八方都挂上罗网，然后拜了拜天，说："天上飞的，地下跑的，四面八方的鸟兽，都进到我的罗网里来。"汤王刚好听见了，就说："哎，你这样不是把鸟兽都捉光了吗？"

无名氏

哈哈，这件事我也听过。后来，汤王让他撤去三面罗网，只留一面。这叫网开一面。汤王对鸟兽都这么仁慈，对人就更不用说了。难怪最近投奔他的诸侯越来越多了。

伊尹

投奔商的诸侯多，但是站在夏这边的诸侯也有很多啊。你们想想看，自夏朝建立以来，已经历经400多年了。夏王一直是天下尊崇的天子，虽然桀是个昏君，人们对他也有怨恨，但现在他在诸侯中仍有威信，想推翻他啊，恐怕还得等个好时机。

商汤被抓

当商国的势力越来越大时,伊尹就劝汤说:"夏王昏庸残暴,我们应该派兵讨伐他。"

汤有些犹豫,说:"不管怎么说,桀还是夏朝的君主。如果我们讨伐他,其他的诸侯就会来讨伐我们。"

"照这么说,那我们就应该什么都不做吗?"伊尹问。

汤说:"不!如果能找一个贤能的人来辅佐他,劝他改邪归正,那就最好不过了。"

于是,汤把伊尹派到夏朝去住一段时间,劝说桀。伊尹驾着马车,带着土特产和贡品来到夏王都。

可是桀不在都城,而是在河南的离宫寻欢作乐。伊尹只好跑去离宫见他。

桀一见到伊尹,就问:"你们为什么灭了葛国?"

伊尹说:"葛伯不仁,有损

三年了还没有召见我!

大王之威，我们这才将他杀了。"

桀只好点点头，安排伊尹住下，说是有事再传。可伊尹等了三年，桀都没有传他，只好跑回了商，对汤说："夏王已经无可救药了。"

汤于是接受了伊尹的主张，准备先除掉拥护夏王朝的三个诸侯国。

夏朝大臣赵梁得知这个情况后，对桀说："大王，现在商的国力越来越强，已经威胁到您的统治了。如果不早做防备，后果不堪设想啊！"他还给桀出了个主意，以召汤来都城为借口，将汤囚禁起来。

汤没有防备，一来到都城，就被抓了起来，关在夏台（在今河南禹县）。

消息一传出，很多诸侯国恐慌起来，因为害怕遭到同样的命运，纷纷跑去投奔商，表示愿意帮助汤消灭夏，有的甚至干脆跑到商的都城做起官来了。

商国人也急坏了，有的建议马上攻打夏朝，把汤救回来。

伊尹却不同意，说："如果现在出兵，不但救不了汤王，说不定桀还会把汤王杀掉。抓汤王的主意是赵梁出的，只要想办法买通赵梁，就能把汤王救出来。"

于是，伊尹派人送了大量的金银财宝和绝色美女给赵梁，赵梁是个贪财又贪色的小人，一见财宝美女，乐得嘴巴都合不拢了，连连说："好，好，这件事包在我身上了。"

第二天，赵梁就带着商国的使者急匆匆地进宫，向桀献上同样的厚礼。桀也乐得找不着北了，立刻下令，把汤放了回去。

汤一回到商国，就率领大军把那三个诸侯国消灭了。

鸣条之战的动员令

公元前1600年,汤认为讨伐夏朝的时机到了,就领着七十辆战车、五千个步兵,向夏朝的都城发起了进攻。

战斗前,汤还做了一场鼓舞人心的演讲。他对将士们说:"来来来,你们都到这儿来,听我说!今天不是我要发动叛乱,是夏桀犯下了很多罪行,上天让我讨伐他,我不敢违背上天的意愿。"

"你们不要埋怨我,说我让你们放下农事来打仗。实在是夏桀太残暴了,百姓们都说,这个可恨的太阳什么时候灭亡啊,我愿意与他同归于尽!你们好好地跟着我去打仗,在战场上立功的人,我一定会大大地赏赐他们。可谁要是不听指挥,我一定重重惩罚!"(这篇演讲就是鼎鼎有名的《汤誓》。)

将士们受到鼓舞,一个个摩拳擦掌,迫不及待要与夏军决战。双方在鸣条展开了一场恶战。交战那天,电闪雷鸣。商军一个个英勇奋战,夏军毫无斗志,很快就被打得落花流水,连桀也被俘虏了。

夏朝灭亡后,汤建立了商朝,把桀流放到南巢的亭山。

桀郁闷极了,说:"唉,当初我要是在夏台杀掉汤就好了。"没多久,他就病死了。

为了求雨，汤王甘愿自焚

商朝建立没多久，国中就发生了一场大旱。这场旱灾一连持续了七年，庄稼全都枯死了，田地都干裂成一块一块的。粮食吃光了，树皮也啃光了，老百姓一个个饿得嗷嗷叫！

那个时代，人们都很相信老天爷，认为只要设个祭坛，摆上些牛羊，诚心诚意地向上天祈祷，上天就会怜悯（mǐn）百姓，降下雨水。可是这次，无论人们怎么祈求，天上硬是连一滴雨水都没有掉下来。

汤急坏了，为了表示自己的诚意，他亲自率领文武百官，在一个叫"桑林"的地方设上祭坛，诚恳地向上天祈雨，可是依然没有效果。

这时，占卜的大臣说："要想求雨，光用牛羊是不够的，必须要用活人。只要把人放到火上烧死，那人就能去天上向神仙求雨。"

"我求雨本来是为了百姓，现在却要我把百姓活活烧死，这是什么道理？如果一定要这么做，那就先烧死我吧。"说完，汤赌气坐在一堆柴火上，说："点火！"

大臣们大眼瞪小眼，不知怎么办才好。恰好这时，一场大雨哗啦啦地下了起来，百姓终于有救了！大家都说，这是汤王自焚的决心感动了上苍。

一道"银条"灭了夏王朝

"银条"是一道菜的名字,这道菜非常有名,要说它的来历,还与商朝的相国伊尹有关呢。

伊尹还是厨师的时候,发现了一种"说菜像菜,说银似银"的植物,于是发挥看家本领,将它做成了一道美味的菜肴,并命名叫"偃(yǎn)师银条"。

后来,伊尹为了帮助汤灭掉夏朝,去桀的身边当间谍,并把这道菜献给了桀。桀尝过之后,直夸伊尹的厨艺好。

伊尹又编出了"要想不死身,就要白酒和银吞"的说法。桀对他的话深信不疑,所以每次吃饭必吃这道菜,一边吃一边喝酒。桀越吃越香,酒量也大增,从此以后,就再也不理朝政了。

汤灭了夏朝后,有一年大宴四方诸侯,并邀请了上千名古稀老人参加。既然是国宴,菜式当然很多了。那些老人从"千年老参""百年猴头"一直谈到"偃师银条"。因为"偃师银条"的特殊性,大家一致推它为压轴菜,所以出现了这样一首诗:"千叟(sǒu)宴上比来头,更有银条夸海口;世间多少宾客宴,它是压桌第一口。"

这道菜就这么流传下来,可悲的是,堂堂夏王朝竟然因一道"银条"而灭亡了。

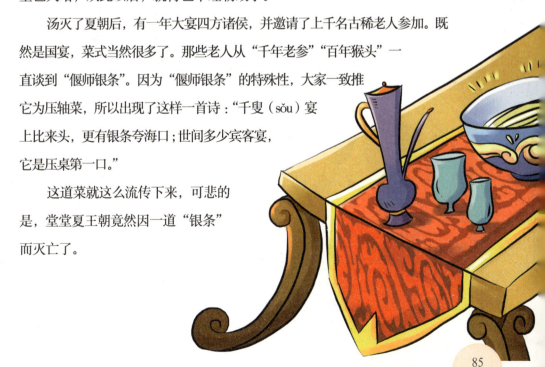

名人有约

特约嘉宾：汤

身份：商朝开国君王

大：大嘴记者　**汤**：汤

大：您好！大王，听说您可不是一般人的后代，您的祖先是鼎鼎有名的帝喾（kù）（三皇五帝之一），对吗？

汤：没错，他的儿子契（xiè）就是我们商朝的先祖。因为帮大禹治过洪水，立下了大功，禹帝就把商地封给了他。

大：治水英雄，确实该封！我听人说，契的出生很奇特。据说是他的母亲简狄有一次去河里洗澡，一只燕子飞过来，落下一个滑溜溜的蛋，被简狄捡起来吃了。没多久，就怀了孕，生下了契，所以民间有"天生玄鸟，降而生商"的说法，您觉得这种说法靠谱吗？

汤：你觉得呢？

大：呵呵，我也不知道，信则有，不信则无嘛。

汤：这都是因为她生了个有出息的儿子，没有她，就没有我们伟大的商族，也就没有这个传说了。她是我们这一族永远的骄傲。

大：确实如此，比起她来，启的母亲涂山氏不算什么。那刚开始商国的都城可不在亳（bó），后来怎么搬了呢？

汤：这个说来就话长了，我们商国经历了十几代君王，一共迁了八次都。

名人有约

我之所以把都城迁到亳，是因为祖先帝喾在位时，都城就定在亳，我这也是为了追随祖先，落叶归根了。当然这个地方也有个好处，就是可以让我存点儿粮草，招点儿兵马，到时好对付夏朝。

大：照理说，桀对您不错啊，您看，您要讨伐谁都可以，不用经夏王的批准。这可不是一般诸侯国的待遇哦。

汤：那他也是身不由己了。因为我们实力已经越来越强大了。

大：那肯定了，不然夏朝不会被您灭了。那您当初是凭什么判定灭夏的时机到了呢？

汤：我记得那天，伊尹告诉我说，妹喜说她做了一个梦，梦见天上有两个太阳打架，一个太阳把另一个太阳打败了，我就想，嗯，灭夏的时机到了。

大：哈哈，您的意思是，一个太阳代表您，一个太阳代表桀，而您是打赢了的那个太阳？

汤：没错。而且当时桀为了征讨有缗国，精锐部队都消耗光了。这样一来，我们的胜算就更大了。

大：不过我听说，您起兵的时候，商国也在闹旱灾呢，怎么……

汤：正所谓"机不可失，时不再来"，做大事的人，决不能优柔寡断！

大（拍掌）：说得好！不愧是商朝的开国君主，流芳千古的一代帝王！

广告铺

汤王的告示

听说，我起兵讨伐桀的时候，很多百姓为了投奔我，把手里的货物都丢掉了。我很感动，同时也向大家保证，我一定会让商朝的百姓过上幸福、安宁的生活！

汤

推广《夏小正》

《夏小正》是我们夏朝的历书，它将一年分为十二个月，分别记载了每个月的气候、农事等。比如，正月大雁南飞，田鼠出洞，鱼儿浮出水面，农夫们要准备好工具，开始耕种了……

希望大家都来看看这本历书，尤其是农民，它对你们的农业生产很有帮助！

汤

求救信

我是一个奴隶，今年7岁。过几天，主人家要建房子，听说他要拿我祭祀地神，把我埋在地基里，这样，地神就会保佑主人一家住在房子里平安无事。我可以为主人做很多事情，但我真的不想被埋，谁能救救我？

小西

第 6 期

〖约公元前 1582 年—前 1286 年〗

太甲被逐与盘庚迁殷

穿越必读 ▶

　　太甲是商朝的第五位君王，年少的太甲昏庸无道，因此被伊尹放逐，后来改过自新，重新登上王位。而盘庚（gēng）是商朝的第二十位君王，他即位时，商朝已经逐渐衰落。盘庚力挽狂澜，进行了一次规模浩大的"大搬家"，史称"盘庚迁殷"。这次迁都，使得商王朝又步入了复兴的道路。

大胆厨子，竟敢放逐天子
——来自汴的加密快报

据报道，太甲被伊尹赶到先王（即汤）的陵墓去守墓了。一个厨子，居然敢放逐天子，消息传来，大家都大跌眼镜。

当初，太甲身为汤的孙子，作为商的第四代大王即位时，伊尹还写了三篇文章教他如何做一个好君王，教育他要按照祖宗的规矩办事，不能为所欲为。

现在怎么还把太甲给放逐了呢？

原来，太甲读了这些文章，前几年还算乖巧，勉强为百姓做了些好事。但是，日子一久，他的本性就露出来了。他学着桀的样子，不仅沉迷酒色，还对百姓施行暴政。伊尹劝了他好多次，他都不听。

太甲还扬言："从此以后，我再也不听你这个厨子的话了！"

来自汴的加密快报！

可伊尹早就不是一个厨子了，他也怒了："我跟你爷爷打江山的时候，你还不知道在哪里呢！你爷爷生前对我都毕恭毕敬，你小子竟敢跟我叫板，看来，不给你点儿颜色看看，你是不知道好歹了！"

于是，伊尹下令把太甲赶到汤王墓地旁边的桐宫，让他面壁思过。而伊尹自己呢，就暂时代替商王的位置，处理国家大事。

我以后一定要以德治国。

太甲悔过自新

太甲被放逐到桐宫后,与一个守墓的老人朝夕相伴。

其实,这位守墓的老人也是伊尹派来的,目的就是考察太甲,看他反省的情况,以便随时向伊尹报告。

老人没事就找太甲聊天,太甲喜欢听他讲故事,这样他也不会觉得寂寞。老人每次都会跟他讲先王汤开国的故事,说汤是如何贤能,如何得到了百姓的拥戴,最后又如何推翻了夏朝的暴政。

你祖父当年……

太甲听完后,对祖父汤佩服得五体投地,心里也产生了悔意。于是,他决定改正错误,以祖父为榜样,做一个贤明的君主,尽力为老百姓做好事。

不知不觉,三年过去了。伊尹见太甲真的悔过自新了,非常高兴,便亲自带领文武百官,把太甲接回了都城,把国家权力也交还给了他。

太甲第二次当上商王后,果然和以前大不一样了。他严格按照汤传下来的章法做事,虚心接受大臣的意见,上到国家大事,下到百姓生活,都被他管理得井井有条。商朝的国力也蒸蒸日上。

百姓茶馆

孔老汉

大家都说伊尹是一位贤相,我就不这么认为。你想想,世上哪有臣子放逐君王的道理?我看伊尹是想趁机篡(cuàn)位,只不过后来大王(太甲)的确改过自新了,伊尹再把权力握在手里,就说不过去了,这才让大王复位。

秦老汉

你胡说,你能拿出证据来吗?你也不想想,伊尹要真有篡位的企图,大王复位后,还会对他那么尊敬吗?可怜伊尹一片忠心,竟然被你污蔑成篡位的小人,真是太可恶了!

猎人小五

好啦好啦,两位别吵了。伊尹到底有没有篡位的想法,你说了不算,他说了不算,只有伊尹自己说了才算。

某大臣

真是有其父必有其子啊,这太甲的儿子也像太甲当年那样。为了教育好这个儿子,太甲可是费尽了心思,现在他总算能理解伊尹的苦心了吧!

宫里长出桑谷，天子以德镇妖

太戊是太甲的孙子，也是商朝的第十位君王。他刚即位的时候，还是一个愣小伙，跟他爷爷太甲早期一个德行，成天只知道享乐，什么国家大事，统统抛到脑后去了。

一天，太戊正在宫里饮酒作乐，突然，有个宫人慌慌张张地跑进来，报告说："大王，不好啦，宫里长了一棵怪树，又像桑树，又像谷树（即构树）……"

"到底是桑树还是谷树？"太戊不耐烦地问。

宫人嗫嚅（niè rú）道："我也不知道，要不，您自己去看看吧。"

于是，太戊亲自跑去一看，倒吸了一口凉气：果然是一棵，不，应该是两棵怪树。这两棵树，一棵是桑树，一棵是谷树，却长到了一起。奇怪，这是怎么长出来的，昨天还没有呢？

更邪门的是，这两棵树长得飞快，短短七天，就已经长得很高大了。它们的枝叶纠缠在一起，看上去非常诡（guǐ）异。

人们议论纷纷，有的说："这可是上天降下来的祥物啊，说明咱们大王治国有方！"

太戊听了，皱皱眉头。他自己成天都在干些什么，难道自己还不知道吗？

还有人说："这恐怕是不祥之兆，咱们商朝要出现变故啦！"

太戊听了有些害怕，就把相国伊陟（zhì）（伊尹的儿子）叫过来，

问：“你看，这桑树和谷树长到一起，到底是怎么回事呀？”

伊陟想趁机劝谏太戊，就说：“大王，我听说就算是妖怪，也害怕有德行的人。现在出现了妖物，说明大王您在治国方面出现了错误。只要您改正过来，这种现象自然就消失了。”

对于伊陟的话，太戊深信不疑。于是，太戊决定也像爷爷太甲一样，改过自新。从那以后，他开始勤于政事，关心百姓生活，把国家治理得井井有条。

一段时间后，桑树和谷树都枯死了。太戊认为，这是自己以德治国的成果，就更相信伊陟的话了（看来不懂植物学也有好处啊）。

要不要讨伐蓝夷

编辑老师：

　　你们好！我是商朝的大王中丁（太戊的儿子）。前不久，我把都城迁到了隞(áo)。没想到，趁我迁都的时候，蓝夷国的君主竟然挑起战争，逼周围的诸侯向他称臣！

　　这些诸侯是商朝的臣子，蓝夷这不是明摆着跟商朝过不去吗？好多诸侯都向我求救，说如果我再不出兵，他们就要把贡品交给蓝夷了。这怎么行！于是，我想立刻派兵镇压蓝夷，可是有人劝我说，商朝刚刚迁都，人力、财力都消耗巨大，这时候出兵，恐怕对商朝不利。再说，蓝夷离商朝远着呢，就算不向我们纳贡，对商朝也没多大影响。

　　编辑老师，你们认为呢？

中丁

中丁大王：

　　您好！虽然蓝夷现在的势力不大，对商朝的威胁也不大，但是，它要是把周围的诸侯都拉拢过来，迟早会成为商朝的心腹大患！所以，请您不要再犹豫了，立刻出兵讨伐蓝夷，不然，等到蓝夷强大起来的那一天，再后悔就晚了。

　　为了鼓舞士气，我们还建议您亲自领兵出征，祝您征战顺利！

报社编辑 

（没多久，中丁果然亲自带兵攻打蓝夷国，蓝夷国战败，向商朝臣服。）

将都城搬到殷地去

我们都知道，商王死后，王位一般由弟弟继承，弟弟都没了，才会轮到儿子。而商朝又是多妻制，一个商王通常会有很多儿子。

这样一来，王室里经常发生争夺王位的事情，如中丁死后，他的一大堆兄弟便开始凭借自己的势力争夺王位，谁势力最大谁继位，这样造成了一百多年的九世之乱。奴隶们在这场争斗中也频频造反。

盘庚是商朝的第二十位君主，他即位后，见国家动荡不安，便决定迁都，而这之前已经有五次迁都了。

要知道，迁都可不是一件容易的事情。商朝最早的都城在亳，后来的几百年间，都城一共搬了五次，有时是因为内战，有时是因为黄河下游闹水灾。有一次发大水，整个都城都被淹了，这才搬了家。

而这次，王公贵族们生活得这么安逸，怎么会舍得挪窝呢？他们不但不同意，甚至煽动奴隶起来闹事。

盘庚于是把他们叫到一起来，耐心地劝道："我让大家迁都，是为了国家更加安定，百姓更加安居乐业。有些人整天只知道吃喝玩乐、花天酒地，根本不管老百姓的死活，老百姓都已经生活不下去了。一旦他们造反，我们再后悔就来不及了。你们不但不支持迁都，还想改变我

的主张，真是太糊涂啦！"

"打个比方，现在大家都坐在一条船上，你却不愿意过河，这不是等着让这条船沉下去吗？船沉下去了，不但你会没命，大家也会跟着你一起没命，这有什么好处呢？你们只顾眼前利益，不顾国家安危，这样对吗？"

"而且殷地的地理位置十分重要，可以更好地控制各个诸侯国。国家安定了，大家的日子不就更好过了吗？"

听盘庚这么一说，大家虽然心里不服气，但看他态度坚决，只好同意。

可是，贵族们答应了，一些老百姓却还在闹，谁愿意离开生活了几十年的故乡呢？盘庚为了说服老百姓，又发布公告说："我们这次要搬到殷地去，那是一个水草肥美的地方，山里有熊虎，水里有鱼虾，气候温暖，没有水灾，比现在的都城好多啦。"

这么一来，百姓也被盘庚说服了。于是，盘庚带领着贵族与平民，浩浩荡荡地渡过黄河，把都城迁到了殷地。这次迁都，被称为"盘庚迁殷"。在盘庚的治理下，商朝再次兴盛起来。

被埋在山顶的太甲

太甲有个很不听话的儿子，太甲叫他往东他却偏往西，太甲叫他打狗他却偏撵（niǎn）鸡。摊上这么个儿子，太甲简直伤透了脑筋。

渐渐地，太甲老了，眼看活不了几天了，他就找来风水先生，让他替自己挑一块好墓地。最后，风水先生挑中了山下的南泉边上。太甲亲自跑到南泉边看了看，高兴地说："不错不错，将来我死了，就埋在这里。"

不过太甲又想：儿子总跟自己对着干，要是不听我的话怎么办呢？想来想去，太甲终于想到了一个好主意。

临死前，他把儿子叫到床边，说："我死后，你就把我埋在山顶吧。"说完，就闭眼归西了。

太甲本以为，儿子这次又会跟自己对着干，故意把他埋到山脚下。谁知这次，儿子却想：我让父亲生了一辈子的气，现在他死了，我就听他一次吧。于是，儿子真的把太甲埋在了山顶上。

而这座山，就被人们称为"太甲山"。

名人有约

大嘴记者

特约嘉宾：**盘庚**

身份：商朝君王

大：**大嘴记者** 　盘：**盘庚**

大：大王您好！我刚才一路走来，发现殷地挺荒凉的，怎么样，您在这里住得还习惯吗？

盘：哈哈，荒凉点儿好啊！这样，那些贵族就没办法奢侈了。

大：大王英明，相信商朝把都城迁到殷地后，后人再谈论起商朝，就会将它称为"殷商"了。

盘：哦？你是怎么知道的？

大：……呃，猜测，猜测而已。大王，我刚才看到外面晾了好多乌龟壳，请问是用来干什么的？炖汤吗？

盘（鄙视）：拜托，记者，那些龟壳是用来刻字的。我们要占卜，或者记录事件时，就把文字刻在龟壳，或者野兽的骨头上。

大（嘀咕）：哦，我明白了，原来这就是传说中的甲骨文。（继续采访）对了，大王，您刚才说到占卜，那是怎么一回事呢？

盘：天地之间除了人类、动物，各种各样的树木花草外，还有很多鬼神。我们在祭祀、打猎，或者出征前，都会占卜一下，看是吉利还是不吉利。

大：说到祭祀我又想起一件事，有一次我参加了一个祭祀，发现竟然宰了一千多头牛羊，啧啧，这可真是了不得啊。

名人有约

盘：呵呵，祭祀对我们来说是一件天大的事情，现在百姓的生活水平提高了，用来祭祀的牛羊当然也多了。

大：都是大王您领导得好啊！对了，我在街上看到很多百姓拿着一串串贝壳，那是用来干什么的呢？

盘（无语）：那不是贝壳，那是我们商朝的命根啊！像海贝、骨贝、玉贝、铜贝等等，那都是我们商朝的钱。

大：嘿嘿，跟您谈话就是长见识。现在青铜器的铸造技术发展得很不错呀。

盘：那当然，除了青铜器、玉器，酿酒技术也都发展得挺不错的。昨天，我刚得到了几块美玉，你要不要看看。

大（双眼放光）：要看要看！我要是看中了，您能送我一块吗？（流口水）

盘：没问题啊！不过，"天下没有免费的午餐"。这样吧，我有个大臣缺个奴隶，我把你送给他得了。

大（兴致勃勃）：奴隶？都要做些什么？签几年约啊？首先申明啊，我一个文弱书生，干不了太重的活啊！

盘：签约？要做就做一辈子啊。要是有机会的话，他会送你和那些牛羊一起去鬼神世界供祖先享用。要是他对你很满意的话，他死了，你也陪他一起去。

大（赶紧把美玉放下）：卖身？殉葬？那还是我的命比较宝贵！我回去了啊！（一溜烟跑了）

广告铺

要搬家，找路路通

前不久，大王颁发了迁都的诏令，各位哥哥姐姐、叔叔阿姨、爷爷奶奶们，如果你们家里东西太多，搬不动，就请来找我们路路通兄弟吧。不管路途多远多危险，我们都能保证，让您的财物万无一失。

路路通兄弟

盘庚的声明书

有些贵族总喜欢利用手中的权力，搜刮百姓的财富。早在迁都之前，我就警告过他们。现在迁都了，我有必要再次申明一下："请贵族们不要再聚敛财物了，要懂得知足，还要向人民施予恩惠，和大家共同建立一个美好的家园！"

盘庚

建议百姓轮流休耕

大家都知道，一块地种上几年，土壤就变得不如以前肥沃了，又得重新开垦土地。这也是我们屡屡迁都的原因。现在我建议，一块地种上一年后，休耕一两年，然后再耕种。这样，我们就可以长时间定居在殷地，不用再迁都了！

盘庚

智者为王

智者第 ❷ 关

① 有施氏献给桀的美人叫什么名字？

② "你这个可恨的太阳什么时候完蛋，我们都愿意跟你一同毁灭。"这句话中的太阳指的是谁？

③ 因为劝说桀而被杀的名臣是谁？

④ "劓刑"和"刖刑"分别是什么刑罚？

⑤ 汤的祖先是三皇五帝中的谁？

⑥ 汤为了得到谁而娶了有莘王的女儿？

⑦ 伊尹在辅佐汤之前是干什么的？

⑧ 是谁向桀献计捉住了汤？

⑨ 汤为什么叫人"网开一面"？

⑩ 汤统治时期，商国的都城在哪里？

⑪ 汤在灭夏之前，宣读的一篇有名的演讲叫什么？

⑫ 商灭夏的战争叫什么？

⑬ 被伊尹放逐的商王是谁？

⑭ 太甲后来改过自新了吗？

⑮ 盘庚为什么要把都城迁到殷地去？

⑯ 什么是甲骨文？

⑰ 为了防止土地过度使用后变得贫瘠，盘庚采取了什么办法？

⑱ 夏朝和商朝的人都很看重祭祀吗？

智者无敌　王者为大

第 7 期

〖约公元前 1250 年—前 1101 年〗

武丁中兴

穿越必读

盘庚迁殷以后，商朝的国势处于上升阶段。武丁是盘庚的侄子，也是商朝具有雄才大略的君王，他在位期间，拜贤人傅说（yuè）为相，任妻子妇好为将，并四处征战，扩大商朝的疆域。在他统治时期，商朝的国力达到鼎盛，史称"武丁中兴"。

大王三年不管事
——来自殷的加密快报

来自殷的加密快报！

公元前1250年，武丁即位，成为商朝第22位国君。奇怪的是，自从即位以来，武丁连续三年不理朝政，对任何事情都不发表意见。这是怎么回事？

于是，百姓们开始了各种各样的揣测。

有人说，大王得了绝症，没办法处理朝政；有人说，大王沉迷女色，没空打理朝政；还有人说，大王是在暗地里观察群臣，看谁是忠臣，谁是奸臣（事实证明，第三种说法最靠谱）。

昨天，王宫中总算传出了消息，说大王晚上做了一个梦，梦见了一个叫傅说的圣人。武丁还把傅说的样子描述出来，派人去找。

听到这个消息，人们都很高兴，瞧，大王对圣人感兴趣，这说明，他对朝政也会感兴趣的！

傅说真的是梦中圣人吗

大臣们按照武丁描绘的样子去找，果然在虞山找到了傅说。不过令人惊讶的是，这个傅说竟然是个修土堤的囚犯。大臣们忐忑不安地把傅说带到武丁面前，没想到武丁一看笑了，说："我梦中的圣人就是他。"

这时，宫里有人透露了一个惊天秘密，其实，什么做梦，什么圣人，都是武丁捏造的，其实这个傅说与武丁早就认识！

武丁即位前，曾被父亲小乙派到民间体验生活。在那里，他和平民、奴隶一起劳作，深深懂得民间的疾苦。

有一次，武丁走到虞山，看见很多囚犯脖子上拴着绳子，正在修土堤。武丁觉得奇怪，就问看守："这里为什么要修土堤呀？"

看守回答："一下雨，山上的水就会流下来，把道路冲毁，修个土堤就能把水隔开了。"

武丁还想找几个囚犯谈谈，于是见到了傅说。傅说虽然是个囚犯，但是谈吐不凡，很快就吸引了武丁的注意。武丁问他："为什么会有这么多囚犯呢？"

傅说回答："都是因为朝廷没有把国家治理好啊。人们没

办法安居乐业,才触犯了法律,成了囚犯。"说完,傅说还向武丁提出了很多治国的建议。

武丁听了非常吃惊,心想:想不到这种地方,也有这样贤能的人。于是他暗暗发誓,将来自己即位后,一定要让傅说来辅佐自己,当自己的相国。

可是,傅说只是个囚犯,身份卑贱,如果让他来做相国,大臣们肯定不会答应。该怎么办呢?武丁的父亲小乙死后,按照规矩,武丁要为父亲守孝三年。在这三年中,武丁一边仔细观察,看哪些大臣有才能,哪些大臣忠于自己;一边苦苦思索,该怎么说服大臣提拔傅说。

最后,他想到一个好办法,商人不是信鬼神吗?那我就用鬼神的名义来骗骗他们。于是,就出现了武丁梦圣人的一幕。

傅说成了相国后,全心全意地辅佐武丁,没多久,商朝又出现了兴盛的气象。

野鸡飞进太庙中

武丁非常重视人才,除了傅说外,他身边还聚集了不少的贤臣,如甘盘、祖己,等等。

有一次,武丁去太庙祭祀祖先汤。突然,庙里传来一阵咯咯的叫声,大家吓了一跳,定睛一看,原来一只野鸡不知什么时候飞了进来,落在了一个大鼎上。

本来,离太庙不远的地方有一座茂密的森林,经常有鸟儿飞来飞去,偶尔一只野鸡飞进太庙,也不是一件什么大不了的事情。可是,武丁却觉得不安,问身边的大臣:"你们说,是不是有什么不好的事情要发生了?"

祖己听了,上前一步说道:"大王,请不要担心,只要您勤于政事,朴素节俭,就算有什么不祥的预兆,也会被化解的。"原来,当时太庙里的祭品太丰盛了,祖己怕这样下去,武丁会变得奢侈起来,所以故意说了这么一番话。

武丁是个聪明人,他听了祖己的话,再看看太庙里的祭品,立刻就明白了祖己的意思。从那以后,武丁再来太庙祭祀,就不再大张旗鼓地准备祭品了。

百姓茶馆

稻农阿季： 听说，明年大王（武丁）要亲自带兵出征，讨伐西北的鬼方。这真是一个鼓舞人心的好消息呀！

工匠小乙： 是呀，鬼方人善于骑马射箭，总是神出鬼没，侵犯我们的边境，抢走我们的牛羊，害得老百姓不得安宁，我恨死他们了！

养蚕女小芊： 哼，前些年，大王已经扫平了周围很多不听话的小国家，鬼方却一直发展壮大，绝对是个严重的威胁！希望大王出兵顺利，最好是灭了鬼方！

青铜器商人老魏： 这还用说吗？我敢打赌，不出三年，鬼方的领土一定会成为咱们的地盘！

给妇好的一封回信

编辑老师：

你们好！我叫好（即妇好），是大王（武丁）的妻子，也就是当今的王后。

自从嫁给大王，我和他的感情就一直很好。这些年来，我多次领兵出征，帮助大王踏平了土方、南夷、鬼方等二十多个方国（独立的小国家）。大王对我非常信任，有一次我攻打羌(qiāng)方，大王让我带了一万三千名士兵（相当于都城十分之一的军队）。大王还赐给我许多封地，赏给我数不清的财物，我非常感激他。

不过，带兵打仗是一件很危险的事，说不定哪天，我就死在了战场上，连一句遗言都没办法留下。如果真有那么一天，请你们替我给大王带一句话，就说，请他不要太悲伤，我在九泉之下会保佑他，保佑商朝的。

妇好

尊敬的王后：

您好！大家都知道，您不仅是一位贤能的王后，更是一位战功赫赫的女将军，所有的百姓都非常爱戴您，这是我们的真心话。

我们听说，除了打仗，您还是国家的主要祭司呢。像祭天、祭祖、祭神泉这些祭典，好多都是您主持的。除此之外，您还会占卜。说到这里，我们不能不钦佩地说一声，像您这样的女中豪杰，可能上千年才能出一个！

您放心，您留给大王的话，我们一定带到。也请您保重好自己的身体，再见！

为母亲造鼎的文丁

妇好的儿子为了报答母亲的养育之恩，为她造了一个非常大的铜鼎，大约有一米高，一百多公斤。这个鼎，就叫后母辛鼎。因为这件事，大家都夸妇好的儿子孝顺。

文丁即位后，也想给母亲造一个大鼎。他想：嗯，我要造一个比后母辛鼎更大、更漂亮的鼎。于是，文丁叫来主管铸造的大臣，把自己的想法告诉了他。

大臣接到任务后，立刻找来一群工匠，把文丁的话传达下去。工匠们一听，要他们造一个比后母辛鼎更大的鼎，都很高兴，一个个铆足了劲，开始用泥巴做模型。

"再大一点儿，再大一点儿，对，还要厚一点儿，这样就会比后母辛鼎重得多。啊，还有两边的鼎耳，要做得漂亮一点。"大臣在一旁指手画脚地说。

有个工匠忍不住说："大人，模型做多大都没问题，可到时候，要怎么浇注铜液啊？"原来，铜液必须要一口气浇进模型中，否则，先浇进去的铜液固化了，这鼎就没办法做了。

"这是给大王的母亲造的鼎，你们不用担心了，人力、物力、设备，统统都会满足你们的。"大臣说。

工匠们一听，就更来劲了。没多久，一个一米多长、一米多高的模型就做好了。大臣一看：乖乖，这鼎要是造出来，至少得有一千斤呢！

天下风云

文丁见了也很满意,说:"嗯,就用这个模型造吧。记住,在鼎里面要铸上'后母戊'三个字。"

于是,工匠们开工了,他们建了六七座熔炉、七八十口坩埚,专门用来熔铜,还要具体安排怎么浇注铜液,之后还要打磨……这样折腾了好一阵子,一个漂亮、大气的方形鼎终于铸好了。

文丁叫来所有的大臣,一起参观这个有史以来最大的铜鼎——后母戊鼎。大家纷纷赞不绝口,都说,这是有史以来青铜器的冠军,这下,文丁比妇好的儿子更孝顺啦!

季历死得真冤枉

我们知道，文丁的父亲武乙，是与周国（商朝的诸侯国）打仗时死掉的。所以文丁即位后，一直对周国怀恨在心。但由于周国实力较强，再加上武乙刚死，商朝人心不稳，所以，文丁决定先忍着，日后再找周国算账。

为了稳定周国，文丁还经常派人去慰问他们的国君季历，拉拉家常什么的，比如，今年的收成怎么样啦，有没有和西北的少数民族发生矛盾啦，等等。

而季历呢，也十分配合，不仅对文丁表示感激，而且每年还按时进贡丰盛的礼品。

虽然他们各怀鬼胎，但从表面上看，商朝与周国的关系还是像一家人似的。

但这些年来，由于周国处在西边，西北的少数民族没少给周国找麻烦，今天抢几车粮食，明天抢几群牛羊，抢完就跑，真是讨厌得要命。

于是，季历决定给这些少数民族一些厉害瞧瞧，也想借此机会向东南扩张一下势力。那些少数民族哪里打得过周国，纷纷向季历投降。

消息传到商朝都城，文丁不由得担

天下风云

心起来。不过，表面上，他却派人向周国表示祝贺，还给季历升了官。

季历想：趁这个机会，我得跟商朝进一步搞好关系。

刚好这时，周国俘虏了几个少数民族的首领，季历就决定亲自押着这几个首领，去商朝的都城向文丁献俘。

文丁见季历的势力越来越强大，感觉这不是个好事情，于是想趁季历献俘的机会，把季历杀掉！

大臣们有的赞同，认为就应该灭一灭周国的威风。

有的却反对，劝文丁说："大王，季历不过是一个诸侯，您要杀他，光明正大地杀就好了，何必使阴招呢？更何况，杀了季历，商朝与周国的关系就会恶化，到时候打起仗来，可不是闹着玩的呀。"

> 我死的真冤啊！

文丁却下定了决心："哼哼，这次，我一定要让季历有来无回！"

可怜的季历，本来是想来巴结商朝的，没想到羊入虎口，真的有来无回了。大家都说："唉，这个季历，死得真冤枉啊！"

趣谈"尸位素餐"

我们知道,夏、商两朝都非常重视祭祖。人们在祭祖的时候,还会选一个子孙来充当祖先,接受后人的祭拜。被选中的子孙,往往是长子,或者长孙,被称作"尸"。

在祭祖的前几天,尸一定要诚心诚意地沐浴、斋戒,还要在一间清静、整洁的房间里待上三天或者七天。

祭祖开始后,尸只要恭恭敬敬地坐在祭台上就行了(商朝的尸是坐着的,夏朝的尸是站着的),别的什么都不用做(这也是成语"尸位素餐"的由来,这个成语后来用来形容那些只拿俸禄、不办事的官员)。

武丁时期,被选作"尸"的是太子孝己。孝己是武丁和妇好的儿子,是个非常孝顺的孩子,据说,他每天晚上都会起来五次,看父母睡得好不好。

本来,武丁也很喜欢孝己。可惜,妇好死得早,后来,武丁在第三个王后的怂恿下,竟然把孝己废为庶(shù)人,流放出宫了。

没多久,孝己就闷闷不乐地死掉了。天下人知道后,都为孝己感到悲伤,并把他作为孝子的典范。

大王和天神谁厉害

商朝人都很迷信,总觉得天上住着一群神仙,主宰着人类的命运。那么,世界上到底有没有天神呢?

武乙(文丁的父亲)曾对此有些怀疑。他叫人做了几个木偶,放在桌子的一端,自己坐在桌子的另一端,大声地宣布说:"看好了,天神已经附在这些木偶身上了,现在,我要和天神比赛啦!"

比什么呢?当然不能比打架,那就比玩骰(tóu)子吧。第一盘武乙先来,他将骰子高高抛起,接住,然后对天神说:"该你了。"可是"天神"一动不动。

"喂,你再不动,我就当你弃权认输啦!"武乙冲"天神"嚷道。可"天神"依然没反应。于是武乙高兴地宣布:"第一轮,武乙大王胜!"

这时,有人提醒武乙:"大王,您一个人玩也没什么意思,不如让天神附在人的身上吧。"

八卦驿站

武乙一想也对，就让天神附在身边的奴仆身上，继续比赛。结果，还是武乙赢了。他哈哈大笑，说："天神也没什么大不了的嘛。"

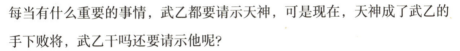

从那以后，武乙就再也不敬畏天神了。在这之前，每当有什么重要的事情，武乙都要请示天神，可是现在，天神成了武乙的手下败将，武乙干吗还要请示他呢？

大臣们慌了，生怕武乙得罪天神，就说："大王，上次是天神没有下凡，才让您赢了呢。"

为了使大家信服，武乙又想了一个与天神比赛的好办法。他找来一个大皮囊，在里面装满了血，然后挂在高高的树枝上。

武乙把城里的官员都叫了过来，说："这次你们可要看清了，如果天神比我厉害，我就射不中这个皮囊；如果我比天神厉害，我就一箭射中皮囊！"

说完，武乙又在心里默默地祷告：商朝的祖先啊，请保佑我射中，一定要保佑我射中，不然面子可就丢大了。然后，他拈（niān）弓搭箭，"嗖"的一声，正好射中皮囊的正中央，里面的血汩汩地往外冒。

"看，我还是比天神厉害吧！"武乙得意扬扬地说。

不过，有些大臣却认为，武乙触怒了天神，一定会遭到报应。所以后来，武乙在与周国打仗时死掉了，很多人都说他是被雷劈死的。

119

名人有约

身份：商朝君王

大：大嘴记者　**武**：武丁

大：大王您好！听说，您的父亲小乙是盘庚的弟弟，对吧？

武（警惕）：没错，你想说什么？

大：按照商朝的规矩，大哥死了，弟弟继承王位，弟弟死后，把王位还给大哥的儿子。但是，您父亲小乙并没有把王位还给盘庚的儿子，却把王位传给了您。

武：好吧，我承认这违背了祖宗的规矩。所以我刚刚即位的时候，很多叔伯兄弟都对我不满。

大：不过，我觉得父死子继的制度比兄终弟继的好。您想想，兄弟一开始感情就是很好的，但大家年龄差不多，没成婚之前，关系可能就很亲密，一旦娶了妻，生了子，有了妻子这一方的介入，就会慢慢疏远。如果涉及财产和权利的继承，就会翻脸不认人。但儿子就不同了，即使父亲去了，他留下的财产、权力都是儿子的，至少儿子跟父亲就不会争了。

武：记者真是我的知己啊，哈哈，我正有此意，从我开始，以后就废除兄终弟继的制度，直接传给儿子吧！

大：大王圣明。对了，我听说除了傅说，您还有一位叫甘盘的贤相。

武：是呀，傅说就是接替了甘盘的职位。

大：咦，那甘盘到哪里去了？不是被您贬官了吧？

武：胡说！甘盘是我的老师，早在我还是太子的时候，他就开始辅佐我了。我能登上王位，他功不可没。可以说，他是对我影响最大的人之一。唉，只可惜他死得早，我刚当上大王，他就去世了。

大：大王节哀。咱们还是换个话题吧，大王您有什么爱好吗？

武：哈哈，我喜欢打仗！

大：……这个天下人都知道了。在您的领导下，我们已经征服了鬼方等国家，开拓了南疆，征服了荆楚地区的一些蛮夷人士。我们商朝现在已经成了名副其实的泱泱大国了。可您想过没有，为什么商朝这么强盛，百姓却这么穷呢？

武：百姓很穷吗？我怎么不知道？我每次征战，都能抢回好多战利品呢，比如战马啦，青铜器啦，奴隶啦……

大：可是，这些战利品都被贵族享用了。百姓不仅捞不到一点儿好处，还要被国家征走家里的粮食、马匹和牛羊。虽然表面上看来，在您的治理下，商朝已经达到了鼎盛。可是，贵族与百姓的矛盾已经越来越深了，我估计，从现在开始，商朝会一步步走向衰败。

武：记者，你存心给我添堵吧你？

大：我，我不是那个意思……好吧，大王您消消气，我们下次再聊，再见！

广告铺

求九公斤重的铜钺（yuè）

听说，王后妇好骁（xiāo）勇善战，力气过人，她使用过的兵器是一把铜钺。同样身为女子，我应该向她学习。不知道谁能打造一把同样的兵器，我愿意花高价购买。

方家姑娘

封侯令

为了更好地治理新的领土（即征服区），今将这些土地封给寡人的若干妻、子、功臣，及一些少数民族首领等，被封者一律称为侯或伯（名单略）。各附属国依然保持原有的状况不变，除了对商纳贡和奉命征伐等义务外，其他事情自理。

武丁

公告

明天，朝廷将举行一场规模宏大的祭祀，祭品非常丰盛，有奴隶、牛、羊，等等，共计九千多件。这是商朝开国以来，规模最大的一次祭祀。相信上天一定会被我们的诚心感动，保佑我们商朝风调雨顺！

武丁

第 8 期

〖约公元前 1075 年—前 1046 年〗

纣王无道

纣王是商朝最后一个国君，他天资聪颖，力气过人，早年鼓励发展农业，征讨东夷，大大扩张了商朝疆域。可到了晚年，他变得昏庸残暴，制定了很多酷刑，残杀忠臣和百姓，最后断送了商朝六百年的江山。

穿越必读

大王亲征东夷
——来自沬都的加密快报

公元前1075年,帝辛即位(史称纣王)。纣王从小聪明伶俐,才思敏捷,而且有一手过人的武功,能徒手与野兽搏斗。

而这时,在我国东南一带,有一个东夷部落。他们仗着自己还算强大,不但常常来抢粮食和财物,还常常抢商朝的老百姓去当奴隶。

即位八年后,纣王实在受不了东夷这个气了,决定率兵亲征。

由于有大王亲自助阵,商兵们一个个如猛虎下山,将东夷军打得落花流水。

没过多久,统一东南的喜讯就传到了商朝的都城——沬(mèi)都。

百姓们四处奔走相告:

"恭喜你,猜对了!"

"咱们大王就是有本事!"

看来,大家对纣王还有是挺有信心的,也很拥护他。

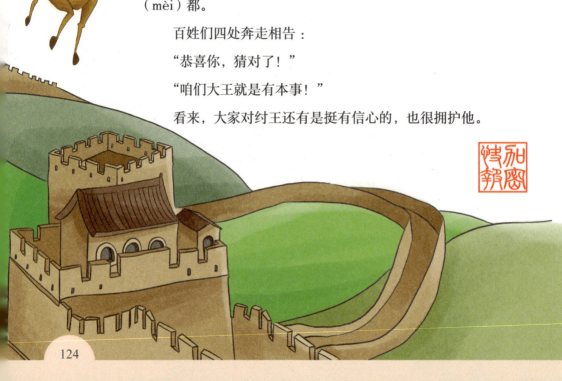

来自沬都的加密快报!

酒池肉林，激起民愤

打败东夷后，纣王觉得自己功劳很大，变得骄傲起来。他认为沫都太小，配不上他这么伟大的君王，于是扩建沫都，并改名为"朝（zhāo）歌"（今河南淇县），商朝出现了空前的热闹与繁荣。

公元前1047年，年已六十的纣王对有苏部落发起了进攻，并且带回了一个战利品——一个叫苏妲（dá）己的女子。

这个妲己不但长得妖艳迷人，而且能歌善舞，纣王视若珍宝，言听计从。

按理说，纣王的居住条件达到了全国最高水准，可妲己觉得宫殿不够华丽，不够宽敞。纣王就花费了大量的钱财，建了一座独一无二的奢华宫殿——琼室，把从全国搜刮来的金银珍宝，都收藏在里面。还叫人造了一个巨大的仓库——钜（jù）桥，把从各地搜刮来的粮食都存放在里面。甚至吃饭要用象牙筷子，喝酒要用犀玉杯子，还要穿九层华美的衣服。

纣王就这样每天坐在高台

之上,陪着妲己饮酒作乐。前来奏事的大臣都被拒在门外,甚至从早晨一直等到晚上,都没看见纣王的身影。

可是,豪华的宫殿住久了,奇珍异兽看多了,妲己又没有兴趣了。纣王于是仿照夏桀,让人把酒倒进一个大池子里,把肉挂在酒池周围的树枝上,然后让一群男女在池里、林间玩耍嬉戏。而他就和妲己坐在高高的亭子里,一边喝酒听音乐,一边看热闹。

当纣王和妲己过着神仙一般的生活时,百姓却穷得连饭都没得吃。因此,很多诸侯和百姓都起来造反。

为了恐吓那些"不听话"的人,妲己还发明了一种残酷的刑具——炮烙(páo luò),就是在铜柱上涂满油脂,下面用炭火烧烤,等到圆柱被烧得滚烫滚烫时,就把犯人赶到铜柱上行走。犯人往往受不了,就跌入炭火中被烧死了。

让纣王意想不到的是,炮烙不但没有把人们吓倒,反而有更多人因为不满纣王的残暴,走上了反抗的道路。

拿亲生女儿冒险，对还是不对

编辑老师：

你们好！我是九侯（商朝的诸侯）。这段时间，造反的人越来越多。于是，纣王封我、西伯昌（即周国的君主姬昌，他在商朝担任西伯的官职，史称周文王）和鄂侯为三公，率领其他诸侯去讨伐造反的人。

我知道，如果不是活不下去了，谁愿意造反？我实在是不忍心杀害那些可怜的百姓啊！所以，我在家里天天叹气，不知道该怎么办才好。我有一个女儿，今年刚满十七岁，她知道我的心思后，就自告奋勇，要进宫去说服大王。

我女儿长得比仙女还美，她要是进宫，一定能得到纣王的喜欢，可是，我怎么忍心把女儿送到那个暴君身边呢？可我想来想去，最后还是答应了女儿的要求。

自从女儿进宫后，我在家里是坐立不安。你们说，我这样做到底是对还是不对？

九侯

九侯：

您好！我们有一个悲痛的消息要告诉您，就在刚才，您的女儿被纣王杀掉了。

您的女儿美丽又聪明，她刚进宫的时候，纣王的确很喜欢她，并让她陪在身边饮酒作乐。可是，她很讨厌这种荒淫糜烂的生活，便劝说纣王改邪归正。纣王一向嚣张惯了，见一个小女子竟然对他"指指点点"，一怒之下，就把她推出去斩首了。

人死不能复生，希望您节哀顺变。

（不久，九侯因为替女儿鸣不平，被纣王杀了。鄂侯在一旁替九侯说话，也被纣王杀了。纣王还将他们俩剁成肉酱，送给各诸侯，用来震慑那些想造反的人。）

比干惨死，心被挖出

比干是商朝的重臣，也是纣王的叔叔，他处事公道，为人果断，人人都说他是一个圣贤之人。

听说纣王把九侯和鄂侯杀了，他十分担忧。他知道，诸侯们表面上好像被吓住了，实际上内心十分不满，甚至在心里巴不得商朝早点儿灭亡。

于是，比干决定去劝谏纣王。他先去找了纣王的哥哥微子，说："我们现在相当危险。'覆巢之下，安有完卵'？商朝灭亡了，我们也会死无葬身之地。我这次进宫，多半不能活着回来。希望我死后，你能替我照顾家人。"

说完，他又回去和妻子、儿子们告别，说："如果今天我没有回来，你们就去找微子，让他帮助你们离开这里。"

比干的儿子说："听说太师和少师都已经投奔周武王了。我们一家也去吧。"

"胡说！"比干怒道，"我们世世代代享有商王朝的恩惠，岂能做出那种乱臣贼子做的事情来？"

说完，比干就向王宫走去。这时，纣王正和妲己在花园里喝酒呢，旁边还有一大群人跳舞助兴。比干径直走过去，说："大王，国家现在处在十分危险的时候，要以国事为重啊！"

纣王很不高兴，但看在比干是自己叔叔

的分儿上，勉强没有发火，说："你先回去，咱们明天再说！"

比干知道纣王在敷衍他，就继续说道："大王，您要是再这么玩乐下去，商朝就要灭亡了……"

纣王的怒火一下子就蹿上来了，他大叫道："敢这么跟我说话，你不要命了吗？"

比干坚持说："如果商朝灭亡，我们都会没命！"

"那我就成全你！"纣王说完，立刻叫人把比干拖出去斩首。

这时，妲己也在一旁起哄，说："大王，大家都说比干是圣人。可我听说，圣人的心有七窍，不如咱们把他的心挖出来瞧瞧？"

纣王一听喜笑颜开："好，好，就按美人说的办！"

可怜比干一片忠心，最后却落得个剖腹挖心的下场！比干的鲜血和生命，并没有换来纣王的觉醒，可悲！可叹！

没有七窍嘛！算什么圣人！

百姓茶馆

大臣甲：挖人心肝这么惨无人道的事情，大王（纣王）都做得出来，你们说，他是不是心理有病啊？再说了，这比干还是他叔叔呢！

某饭馆老板：叔叔有什么用？箕（jī）子不也是大王的叔叔，就因为多说了大王几句，大王怀恨在心，一直想杀他。幸好箕子聪明，装疯卖傻，这才保住了性命。不过，他现在已经被关进大牢了，不知道什么时候才能被放出来。

青铜匠老六：听说现在，朝堂上已经没有忠臣的声音了，因为忠臣都被大王杀掉了。唉，我看商朝离亡国也不远了。

糊涂虫小七：纣王有这么荒唐吗？当年我们可都认为他是一个明君啊，这会不会是他的敌人杜撰出来，迷惑我们老百姓的呢？

王叔装疯

箕子是纣王的叔叔,也是朝廷的大官。他品行高尚、为人谦和,和比干、微子一起被称为商朝"三大贤人"。

有几次,箕子看到纣王吃个饭都要用象牙筷,就叹道:"现在用象牙筷吃饭,以后就会想用玉杯喝酒,用了玉杯,又会想用其他奇珍异宝。到那时,商朝恐怕就要灭亡了!"

后来,纣王果然整天花天酒地,残暴无道。箕子对纣王好言相劝,纣王却怎么也听不进去。

有人劝箕子说,你都这样劝了,他不听,那是他的事,你已经尽了你的本分,何不一走了之?不然就可能像比干一样被杀死,像微子一样被赶走。

箕子却说,劝谏大王是做臣子的分内之事,劝谏不成就一走了之,是把大王的错误暴露给人看,把好的名声留给自己,这种自私自利、不忠不孝的事我是不会做的。

不过,为了避免纣王的报复,箕子开始装疯卖傻。他把头发剪了,披头散发,每天像个疯子一样弹琴哭泣。纣王以为箕子真疯了,就把他关了起来,贬为奴隶。

(周武王推翻商朝之后,找到箕子,想请他出来做官。箕子不想做周朝的顺民,就带着一些人离开了。)

名人有约

身份：商纣王

大：**大嘴记者**　帝：**帝辛**

大：大王，自从您将东夷与中原统一起来后，咱们商朝的领土又扩大了不少，这可是个了不得的功劳啊！

帝：哈哈，记者，这是我生平第二得意事了！

大：啊，那您的第一得意事是什么？

帝：这个嘛，当然是得到我的爱妃妲己啊！

大：听说这苏妲己是个狐狸精变的？

帝：记者你也是个文化人，也相信世间真有狐狸精？

大：能把您迷成这样，那比狐狸精还厉害啊！您看您，自从有了她，朝政不管了，祭祀不管了，想杀人就杀人……您这样宠她，不怕重蹈夏桀的覆辙么？

帝（不高兴）：记者，如果你不想尝尝炮烙的滋味，说话最好小心点儿！

大（惊恐）：我错了，大王。听说最近您胃口特别不好？

帝：是的，那些菜肴不是太烫，就是太凉，无法入口。那些厨子，一个个都是废物！要不是爱妃想了个特别的法子，我还真吃不下饭！

大（好奇地）：什么法子？

帝：有一次，有个厨子端了碗汤上来，烫得不行。爱妃就想了个办法，

名人有约

用她头上两根长长的玉簪把里面的菜夹了出来，吹了又吹，等菜凉了些再送进我的口中。

大：这种吃饭方式还真是别有情调。咦，那不就是筷子吗？

帝：筷子？记者你真没文化，这个叫"箸"（zhù）。在用这个东西之前，大家都是用手抓饭吃呢！爱妃这样体贴，感觉真不是一般的好啊！（呈陶醉状）后来，我就专门让人打了一副象牙箸。

大：那价格不便宜吧？

帝：你怎么也问这个问题？上次我用这个象牙箸吃熊掌，想让大臣们开开眼界。结果我的叔父箕子不但不高兴，反而哭了起来，真是扫兴！

大：这事我也听说了。有些话，当着您的面，箕子不好说啊！

帝：什么话？

大：您想想看，这么好的筷子，您肯定不会把它放在土盆瓦罐上，要配一些玉制的碗碟。而玉制的碗碟，肯定不能放野菜粗粮，要配一些山珍海味，才感到有味。而吃得好了，大王一定不愿意再穿粗布衣裳，住茅屋草棚，而是要穿绸缎，乘华车，盖豪宅，这样下去，老百姓肯定会对您不满，到那时，离亡国也就不远了。

帝（不以为然）：叔父也未免想得太远了！不就是一双箸吗？千金难买我高兴。

大：唉，采访到此结束，记者就此告别了，只怕今日一别，他日再难相见了。大王好自为之吧。

广告铺

转让桑树林

　　大王登基之初，鼓励我们种田、养蚕，还颁布了很多优惠政策。我们家就是在那时候种了好几亩桑树林。可现在，官府年年剥削，家里已经生活不下去，因此想把桑林转让给别人，另寻出路。有意者请快快跟我联系吧。

采桑女南风

快来加入我们吧

　　精美的青铜器，人人都喜欢。这些年，青铜器的铸造技术飞速发展。到现在为止，已经发展到了一个空前的高峰。南来北往，到处都是做青铜器生意的人。如果你也心动了，快快来加入我们吧！请记住，这里是青铜器商人协会！

青铜器商人协会

抗议书

　　大家都知道，朝廷把田分为公田和私田。公田就是公有的田地，地里种出来的麦子、稻谷，都要上交给朝廷；私田是百姓向朝廷申请的、能自由耕种的田地，收获的粮食可以自己留着填肚子。

　　可是，朝廷见私田粮食的产量比公田高，竟然强行抢夺我们的粮食，因此，我在这里提出强烈抗议！朝廷这样出尔反尔，到底还要不要我们百姓活了！

稻农阿潘

第 ❾ 期

〖约公元前 1075 年—前 1043 年〗

武王伐纣

穿越必读

公元前1046年，周国的国君姬发起兵伐纣，灭掉了商朝，建立周朝，将都城定在镐（hào）京。后来，周平王将都城迁到洛邑（yì）。由于镐京在西，洛邑在东，于是，周朝被分为"西周"和"东周"两个时期。而武王姬发开创的这个时代，就是"西周"。

姬昌被纣王囚禁
——来自朝歌的加密快报

前不久，朝歌传来消息，周国的国君——西伯侯姬昌（季历之子，史称周文王）被纣王囚禁了！事情的经过是这样的：

纣王把九侯与鄂侯剁成肉酱后，派心腹崇侯虎给姬昌也送了一份。姬昌接到肉酱，脸色大变，眼泪簌簌地掉落下来。

这一切，都被崇侯虎看在眼里。

崇侯虎回到朝歌后，就添油加醋地对纣王说："大王，我看这个姬昌有问题。他凭借担任西伯的优势，到处向各诸侯施恩。现在，已经有不少诸侯对他死心塌地了。我还听说，他不准部落里的贵族喝酒、打猎，不准他们糟蹋庄稼，还到处搜罗人才……眼看周国一天比一天强，您不能不防啊！"

纣王认为崇侯虎说得很对，于是派人把姬昌召到都城来。姬昌没有多想，匆匆赶往朝歌，谁知刚进宫门，就被人绑了个严严实实，然后被囚禁在羑（yǒu）里。

来自朝歌的加密快报！

儿子被杀，父亲吃肉

姬昌的大儿子叫伯邑考，他听说父亲被囚禁，急得团团转。为了救出父亲，他不顾大臣的阻挠，一个人跑到商朝的都城，对纣王说："大王，请您放了我的父亲，让我留下来代替他吧。"

谁知，纣王不但不放姬昌，还把伯邑考也抓了起来。

姬昌被囚后，表面上对纣王恭恭敬敬，内心却非常痛恨，只是一时想不出什么办法。

大牢里的日子十分漫长，姬昌没事情做，就专心研究伏羲（xī）的八卦。久而久之，他竟然写成了一本叫《周易》的书。

百姓知道后，都非常佩服姬昌的隐忍，夸他是个圣人。

这话传到纣王的耳朵里，纣王气得要命，想："姬昌是我的囚犯，你们竟然夸我的囚犯是圣人，那不是拐着弯儿骂我是个昏君吗？"

崇侯虎察觉到纣王的心思，就对他说："大王，您别生气，谁不知道天底下只有您才是圣人。要证明姬昌不是圣人很简单，我听说，真正的圣人是不会吃自己儿子的肉的……"

纣王立刻会意，他马上叫人去杀了伯邑考，

把他的肉做成肉脯，送给姬昌吃。

姬昌一看到肉脯，就知道那是自己儿子的肉，心中悲痛欲绝。但为了不引起纣王的怀疑，他强忍住泪水，吞下一口肉脯，还连连夸道："好吃，好吃，请替我谢谢大王。"

好吃，好吃，谢谢大王。

使者走后，姬昌立刻将肉脯吐出来，放声大哭。

使者将情况报告给纣王，纣王得意地笑了，说："哈哈，以后看谁还敢说姬昌是个圣人！"

姬昌被纣王囚禁了七年。七年间，周国用尽各种办法，都没能将他救出来。

后来，周国的大臣花了大量的钱财，去有莘国买了十个绝色美人，又去骊戎国买了三四十匹雪白的宝马，并且给纣王的宠臣费仲献上了四名美女和一百两黄金。

费仲乐开了花，一口答应帮他们引见纣王。

纣王见到美女和宝马后，大喜道："哈哈！只要有这几个美女，就够了，何况还有宝马呢！"立刻下令把姬昌放了。

姜太公钓鱼，早有预谋

姬昌回国后，就下定决心讨伐纣王。他一边向纣王献上珍宝和土地，一边到处寻找军事奇才，辅佐他灭商。听说前不久，姬昌在河边得到了一个钓鱼的老头，兴奋得好几天没睡觉呢。

咦？这个七十多岁的老头有什么本事，能让姬昌这么高兴？

原来，老头叫姜尚，又名姜子牙（俗称姜太公），原本是朝歌人。姜子牙出身微贱，多学了几门手艺，才不至于饿肚子。年轻的时候，他在朝歌做过屠夫，后来又去孟津卖酒。

虽然出身贫寒，但姜子牙孜孜不倦地学习，从而精通治国用兵之术，并希望能遇到一个赏识他的人。可是，他等啊等，等到头发胡子全白了，还是没能等到自己的"伯乐"。

这时，姜子牙听说姬昌既仁慈，又胸怀大志，而且正在招募人才，就有心去投奔他。可是，他与姬昌没有任何交情，怎么才能见到他呢？姜子牙冥思苦想，终于想到了一个好办法。

姜子牙知道姬昌经常去渭水河边打猎，就背上一个钓竿，跑到渭水附近的小溪去钓鱼。不过，一个钓鱼的老头子怎么会引起别人的注意呢？

姜子牙自有办法，他故意将鱼钩弄直，不挂鱼饵，悬在离河面三尺高的地方，像模像样地钓起鱼来，还不停地自言自语："愿者上钩，愿者上钩……"

一个打柴的人看到了，就好心提醒他说："老先生，像你这样钓鱼，再钓一百年也钓不到一条鱼。"

姜子牙毫不在意,笑了笑说:"实话对你说吧,我钓的不是鱼,是王与侯!"

一天,姬昌路过小溪时,果然对姜子牙产生了兴趣,就跟他交谈了起来。经过一番深谈,姬昌发现,这个姜子牙竟然是个不可多得的人才。

姬昌非常高兴,说:"我祖父在世的时候,就曾跟我说,会有一个了不起的能人来帮助周国,看来就是先生您啊!"

两人一拍即合,姬昌将姜子牙封为太师,共同商讨伐纣的伟业。

在姜子牙的辅佐下,没过几年,周国逐渐占领了大部分商朝统治的地区,归附姬昌的部落越来越多了。

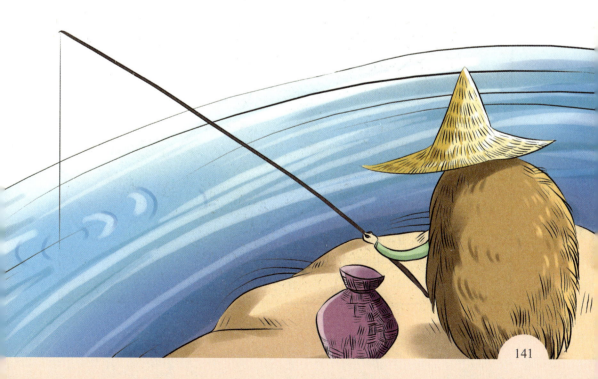

牧野之战，商王朝从此覆灭

姬昌（史称周文王）还没有完成灭商的大业，就病死了。他的二儿子姬发（史称周武王）继承父亲的遗愿，继续讨伐商朝。

公元前1046年，当时纣王杀了比干，囚禁了箕子，已经众叛亲离。

姬发认为时机成熟了，决定通知各个诸侯国一同起兵，并亲自率领三百辆战车、三千名禁卫军，以及四万五千名精兵，浩浩荡荡直奔朝歌而去。

周国与各诸侯国的军队在孟津会合，在这里，他们举行了一场誓师大会。

会上，姬发宣读了一篇叫《太誓》的文章，说："纣王被妖女妲己迷惑，违背天理人伦，背叛父母兄弟。今天，我们就要替天行道，去消灭这个暴君！"

姬发一番话说得军心大振，士兵们个个咬牙切齿，恨不得吃了纣王的肉，喝了纣王的血！很快，大军就打到了离朝歌只有七十多里的牧野。

这时，纣王听说姬发打到自己家门口了，惊得眼珠子差点儿掉下来。可是，纣王的主力现在还在东南呢，一时半会儿哪调得回来？

仓促之中,纣王只好把贵族、奴隶、囚犯和俘虏匆匆忙忙武装起来,凑出一支十七万的军队,并亲自领着军队来牧野迎战。

可是,纣王的这群乌合之众,哪里打得过姬发的精兵,再加上那些囚犯、奴隶早就恨透了残暴的纣王,纷纷调转枪头,攻打商军。商军很快就崩溃了,纣王狼狈不堪地逃回了朝歌(史称"牧野之战")。

纣王回到朝歌后,见大势已去,穿上镶满珠宝的衣服,登上鹿台,叫人点上一把大火。鹿台上顿时浓烟滚滚,纣王投火自尽。

商朝五百多年的基业,就这样化成了灰烬。

商朝灭亡后,姬发(即周武王)建立了西周,将都城定在镐京。

百姓茶馆

某丝绸商

听说,大王(周武王)攻进朝歌,找到纣王的尸体后,亲自在上面射了三箭,还把他的脑袋砍下来,挂在一张大白旗上。可真是解恨啊!只可惜我没有亲眼看到当时的场景。

某铜匠

还有那个妖姬妲己,听说是被勒死的。大王也朝她射了三箭,把她的脑袋砍下来,挂在一张小白旗上。这真是"善有善报,恶有恶报,不是不报,时候未到"。

谋士小甲

前不久,大王制定了一个什么分封制。就是把天下的土地分成好多块,给那些立下战功的大臣,还有皇亲国戚,一人赏一块。不过我有些担心,这样下去,要是有一天诸侯强大了,不再听从天子的命令,那该怎么办呢?

武王与虞侯原来是亲戚

周武王灭了商朝后,正式把吴地赐给了周章,并封他为虞侯。最近,民间爆出一个消息,说武王与虞侯,多年前是一家人。

事情得从古公亶父时期说起。古公亶父原名姬亶父,是周国的国君,他的大儿子叫姬太伯,二儿子叫姬仲雍(yōng),三儿子叫姬季历。

按照礼法,亶父应该将王位传给老大太伯。可是,亶父却非常喜爱老三季历的儿子姬昌。他总是把姬昌带在身边,还经常当着大家的面,抚摸着姬昌的头说:"咱们周国要兴旺,全靠这孩子了。"

太伯听了,心里很不是滋味。刚好这时,西边的少数民族前来骚扰,太伯兴冲冲地跑到亶父面前,说:"父亲,这次让我领兵出征吧。"

以前每次发生战争,都是季历领兵,而这次,太伯想趁机把兵权掌握在手,这样,将来在争夺王位时,就不怕打不败季历了。

可是亶父却给太伯泼了一头凉水,说:"你来晚啦,我已经派季历去了。"

传说我们原来是一家人。

太伯垂头丧气出去了。不过他还不死心,想:趁季历不在,我把政权抓到手不是一样的吗?于是,他找来一些重要的大臣,宣布说:"以后你们有什么事情,要先向我报告,再由我转达父亲。"

大臣听了有些怀疑,这是怎么回事?大王不是想立季历为太子吗?于是悄悄地跑去问亶父。亶父警觉起来,把太伯叫来问话。

太伯争辩说:"父亲,我是看您年纪大了,想替您分担一下呢。"

亶父却跟他开门见山,说:"太伯啊,我知道你在想什么。可我还是要告诉你,这事儿我早就想好了,将来把王位传给季历。你和仲雍两个,要好好辅佐他,这样,我们周国才会兴旺。"

太伯不满地叫起来:"父亲,您这样做的话,那我和仲雍怎么办呀!"

可是,亶父已经下定了决心,并很快就当众宣布,立季历为太子。太伯和仲雍觉得没脸见人了,于是收拾好行李,一声不吭地离开了周国。

他们来到吴地,在那里开辟了一片自己的天地。太伯没有儿子,他死后,就将王位传给了仲雍。仲雍又将王位传给自己的儿子。而周章,就是仲雍的后人。

证据呢?

147

怎么处理商朝的遗民

周朝建立后，出现了一个麻烦问题，那就是，该怎么处理那些商朝的遗民呢？周武王把姜太公、召公和周公等大臣找来商量。

姜太公说："我听人说，喜欢一个人，连他房屋上的乌鸦都喜欢；讨厌一个人，连他家的仆人都看不惯。我看，不如那些遗民全都杀掉，也好省事。"

周武王听了，觉得不妥，于是望向召公。

召公说："依我看，应该分别对待。那些跟着纣王对抗过我们的人，应该杀掉；至于其他的人嘛，可以留下来。"

周武王还是觉得不妥，又望向周公。

周公说："我看，最好是让他们回老家继续种田。如果他们忠于我们周朝，还可以给他们封个官做做。"

周武王立刻喜笑颜开，说："对，就这么办。"

于是，周武王将纣王的儿子武庚封为殷侯，依然让他管理朝歌一带，以及那里的商朝遗民。但是，周武王对武庚又不太放心，就把自己的三个弟弟：管叔、蔡叔和霍叔，分别封在朝歌附近，以便监视武庚，称为"三监"。

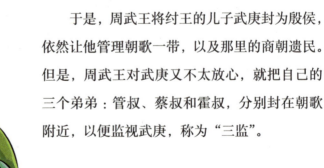

给伯夷与叔齐的一封回信

编辑老师：

你们好！我叫伯夷，我还有一个弟弟叫叔齐。我们都是孤竹国国王的兄弟，因为种种原因，在外面漂泊流浪了好多年。

后来，我们听说周国很安定，就想去那里定居。半路上，我们遇到了一支庞大的军队，一问才知道，原来是姬发要造反！我跟叔齐非常气愤，拦住姬发的马，说："你父亲刚刚去世，你不让他入土为安，却要去打仗，这是不孝！你身为商朝的臣子，竟然讨伐君王，这是不仁！"

可是，姬发一点儿都不听我们的劝告，依然把商朝消灭了。如今，周朝取代了商朝，我和弟弟心中十分悲痛，发誓决不吃周朝的粮食！这些天，我们一直生活在首阳山上，渴了就喝泉水，饿了就吃薇菜。而且，我希望大家都来跟我们学习，忠于商朝，不吃周朝的粮食！

伯夷、叔齐

伯夷、叔齐：

你们好！你们的一片忠心让人感动，可是，我们并不赞同你们的做法，更不会呼吁大家向你们学习。周朝代替商朝是众望所归，难道，你们还想活在纣王的恐怖统治下吗？忠诚是好事，但也得看情况，不然，就成了愚忠，希望你们能明白这个道理。

报社编辑

（伯夷和叔齐并没有听取编辑的建议，不久，他们就饿死在首阳山上。）

飞廉造棺材

飞廉是纣王的大臣,他天生跑得快,是有名的"飞毛腿"。他有两个儿子,大的叫恶来,小的叫季胜。

有一天,纣王突发奇想:祖先们死了后,都躺在木头做的棺材里,过不了多久,棺材就腐烂了。将来我死了,要睡在石头做的棺材里。于是,纣王把这件事交给飞廉来办。

要做一副石棺,首先得找上好的石料,飞廉到处奔走,终于选定了霍太山的石料。可是,霍太山离都城太远了,当地没有好的石工,怎么办呢?于是,飞廉又千里迢迢地跑回都城,挑了一批好石工带回霍太山。

石工们每天在山上敲敲打打,一心一意给纣王造石棺,也不知道外面发生了什么事。就这样过了一天又一天,终于,一副既精美,又结实的石棺造好了。

飞廉看着眼前的石棺,想:哈哈,这次大王一定会给我很多赏赐!于是迫不及待地朝都城赶去。就在飞廉快要到达京城的时候,迎面走来了小儿子季胜。

季胜神色慌乱,步履匆匆,飞廉赶紧叫住他:"发生什么事啦!"

季胜一看是父亲,立刻奔过来,哭丧着脸说:"父亲,不好啦,姬发带兵打进都城啦!大王自焚了,哥哥也被姬发杀死了。我正想给您去报信呢,您不能去朝歌了,赶紧往回走吧。"

飞廉一下子就蒙了,愣了好一会儿,他才掉转头,无精打采地回到了

八卦驿站

霍太山。他看着已经做好的石棺，又发起了愣。看来，纣王这辈子是没有福气躺在里面啦！

最后，飞廉决定在霍太山上建一个祭坛，把石棺放在祭坛上，自己整理好衣裳，恭恭敬敬地跪下，说："大王，您交给我的任务，我已经完成啦！"说完，他还把自己怎么找石料，怎么让工匠造棺材的经过，统统说了一遍。

没过多久，飞廉就病死了。人们把他装进纣王的石棺里，埋在了霍太山上。

大王！您交给我的任务已经完成了。

名人有约

大嘴记者

特约嘉宾：姬发

身份：周武王

大：大嘴记者　姬：姬发

大：大王，您好！身为周朝的开国君王，您有什么感想吗？

姬：嗯，我想感谢国师（姜子牙）。没有他的辅佐，我的伐纣大业也不会进行得这么顺利。

大：哦？能说说你俩之间的事情吗？

姬：嗯，记得我刚刚即位时，有一次我问他："我想减轻刑罚，同时树立自己的威望；给大家一些奖赏，劝他们多做善事；颁布一些法令，用来教化百姓，应该怎么做呢？"你猜国师是怎么回答的？

大：我怎么猜得到？不然，我也能当国师了。

姬：他说："如果你杀一个人，能使一千人害怕而不敢犯罪；杀两个人，能使一万个人害怕而不敢犯罪；杀三个人，能让三军都听从你的命令，那你就杀吧！如果你赏一个人，能让一千个人对你忠心；赏两个人，能让一万个人对你忠心；赏三个人，能让三军都对你忠心耿耿，那你就赏……"

大：啊，我猜接下来应该是：如果您制定一条法令，能让一千个人遵守；

　　　制定两条法令，能让一万个人遵守；制定三条法令，能让所有人都遵守，那您就制定吧，对吗？

姬：哈哈，差不多吧。国师的话让我茅塞顿开，后来，我就按他说的办了。不管是惩罚还是奖赏，或者制定法令，我都要三思而后行。

大：大王，听说当年您出兵伐纣之前，叫太史卜了一卦，卦象是大凶，大家都吓得要命，那您为什么还……

姬：纣王无道，已经是天怒人怨了。所以我决定不相信卦象上面说的，坚决出兵！

大：幸亏您果断啊，不然，天下人还得被纣王多残害几年呢。听说牧野之战时，周军使用了一种非常奇怪的战术……

姬：哈哈，我记得当时，商朝近二十万大军从朝歌开来，我派国师去打头阵。你猜国师怎么打的？他领着一群七八十岁的老头冲了上去……

大：啊？一群七八十岁的老头？我没听错吧！！！

姬：没错，你知道，国师自己也是个八十多的老头，这群白头发、白胡子老头冲上去后，商军都看傻了，一动不敢动。这时，我们趁机发动总攻，一下子就把他们打败了！

大：哈哈哈，笑死我啦！这种打法果真是前无古人，后无来者啊！今天的采访非常愉快，谢谢您的光临！

广告铺

谁与我一起追随西伯昌

听说，西伯昌从羑里出来后的第一件事，就是向纣王献上洛河两岸的土地，请求纣王废除炮烙。西伯昌宅心仁厚，真是让人感动。我决定从此以后就追随他了，有谁愿意跟我一起吗？

某诸侯

请大家拥护周朝

如今，商朝已经灭亡，纣王也得到了报应，我决定释放所有被纣王囚禁的大臣（包括箕子）和百姓，并为忠臣比干整修坟墓。希望大家能拥护周朝，我会让你们过上好日子的！

姬发

取之于民，还之于民

鹿台中所有的金银财宝，钜桥中所有的粮食，都是从百姓手里搜刮来的。现在，我决定把它们还给百姓，请大家明天下午前来领取。

姬发

智者第❸关

1. 武丁的哪位王后是一位赫赫有名的女将军?
2. 从商朝的哪位君王开始,王位继承制度由"兄死弟继"变成了"父死子继"?
3. 武丁时期的奴隶宰相是谁?
4. 武丁在位时期,商朝国力达到鼎盛,被后人称为什么?
5. 纣王时期,商朝的都城在哪里?
6. 纣王建了一座什么宫殿,把全国的金银财宝都收藏在里面?
7. 纣王时期,最骇人听闻的酷刑是什么?
8. 纣王时期三大忠臣是谁?
9. 纣王从有苏部落得到的美女是谁?
10. 周文王姬昌在羑里写了一本什么书?
11. "姜太公钓鱼"的下一句是什么?
12. 牧野之战发生在哪一年?
13. 西周的都城在哪里?
14. 是谁不愿吃周朝的粮食,最后饿死在首阳山上?
15. 武王灭掉商朝后,是怎么处理纣王的儿子武庚的?

智者无敌 王者为大

第 ⑩ 期

〖约公元前 1043 年—前 1021 年〗

周公旦摄政

穿越必读 ▶

　　武王去世前，将王位传给年幼的成王，并让弟弟周公旦摄政，暂时代替成王治理天下。周公摄政七年，平定"三监"，制礼作乐，巩固了西周的统治，之后又将权力还给成王。周公的一片赤诚之心，受到了世人的称颂。

CHUANYUE BIDU

武王病逝，周公旦摄政
——来自镐京的加密快报

由于日夜操劳，公元前1043年，周武王突然病倒。大臣们非常担心，每天虔诚地占卜、祈祷，希望武王早日恢复健康。

武王的弟弟周公旦更是真诚地向祖先祷告，说："如果我们欠了上天一个孩子，那么就让我去代替他吧。我有仁有德，又多才多艺，肯定可以侍奉鬼神的。"

说实话，听到这些话，记者们都觉得好笑。可是对相信鬼神的周人来说，周公旦却是十分真诚，也十分无私的。

也许，周公旦和大臣们的举动真的感动了上天，武王的病情竟然好转了很多。

然而，这只是回光返照，没多久，武王病情越来越严重，眼看就快不行了。

武王去世前，紧紧抓住弟弟周公旦的手，想把王位传给他，并且说："这件事不需要占卜。"但周公旦还是流着眼泪拒绝了。

可是武王的儿子姬诵（即周成王）只有十三岁，还是个天真无邪的孩子，怎么能够治理天下呢？更何况，西周刚刚建立不久，社会还不稳定，武王实在是放心不下。

于是，武王撑着最后一口气，把成王交给了周公旦，要周公旦暂时代替成王，行使天子的权力。

来自镐京的加密快报！

一句话惹来大麻烦

编辑老师：

你们好！我是箕子，你们应该听说过我的名字吧。我原本是纣王的叔叔，就因为多了几句嘴，被他关进大牢，直到商朝灭亡，武王才把我放出来……

唉，往事不提也罢，说说我出狱后的情况吧。我从大牢里出来后，武王把我封到朝鲜。我去朝鲜之前，那里一片荒凉、十分落后，不过还好，我带去了一些农耕、养蚕、纺织技术，一批青铜器，还有商朝的礼仪、制度。这几年，国家渐渐发展起来，我相信会越来越好的。

朝鲜是周朝的属国，所以前些日子，我带了一些朝鲜的土特产，来朝见天子。路过故都朝歌时，看到毁坏的宫墙，长出的杂草，我心中突然变得十分悲伤，想放声大哭，又想找人倾诉，可是，我不知道该向谁诉说，所以给你们写了这封信，希望你们不要见笑。

箕子

箕子：

您好！我们怎么会笑话您呢？您所做的一切，都值得我们崇拜、敬仰。您的亡国之痛，我们十分理解。听说您还作了一首歌："麦秀渐渐兮，禾黍油油，彼狡童兮，不与我好兮……"（意思是，麦苗长出来了，禾苗绿油油的，那个纣王啊，当初不听我的话……）

唉，过去的事情都已经过去了，您还是忘记这一切，回到朝鲜继续做您的国君吧。

报社编辑

天下风云

周公旦平定"三监之乱"

我们知道,当初,周武王建立西周后,封了许多诸侯。其中,就包括纣王的儿子武庚。不过,为了防止武庚造反,武王又派了自己的三个弟弟:管叔、蔡叔和霍叔,去监视武庚,称为"三监"。

本来呢,武王这样安排也没什么,可他临死前托周公旦摄政,问题就来了。周公旦排行老四,管叔排行老三,是周公旦的哥哥。武王去世后,论辈分,怎么也该是老三管叔摄政吧,怎么就让老四抢了位子呢?

武庚觉察到了管叔和蔡叔的不满,就趁机挑拨离间,说:"当年,武王为什么派你们三个来监视我,而不是周公旦呢?其实啊,这都是周公旦出的主意。他故意把你们俩调开,自己留在武王身边,将来才好摄政啊!"

管叔和蔡叔一听,觉得有道理,对周公旦就更愤恨了,想:哼!一不做,二不休,我们干脆造反算了!于是,他们俩勾结武庚,

找来一些前商的贵族,又拉拢了一些东方的小国,准备起兵。他们还到处造谣,说周公旦想谋权篡位,把小成王赶下台。

谣言传到王宫里,小成王不禁有些怀疑起来:这个叔叔到底是忠心,还是另有企图呢?就连周公旦的弟弟召公奭(shì),也对哥哥产生了怀疑。

面对这种内外交困的局面,周公旦找来弟弟召公奭,非常诚恳向他表明了自己的忠心,希望他能顾全大局,和自己一起辅佐成王。周公旦的这番话说得声泪俱下,召公奭终于相信了哥哥的清白,并和他一起去找另一位老臣太公望。

最后三个人决定,马上发兵讨伐管叔和武庚。周公旦亲自率领大军,来到朝歌城下,与城中的叛军展开了激烈的战斗。可是,管叔和武庚把城中所有的百姓和士兵都发动了,周军一时之间很难取胜。

于是,周公旦采取"只围不攻"的方法,把朝歌团团围住。等到朝歌弹尽粮绝后,周公旦再发起总攻,终于打败叛军,杀死了武庚。管叔兵败之后,没脸见弟弟,只好在家里上吊自杀了。接着,周公旦又去围攻蔡叔的国都,并打败蔡叔,把他贬为平民。

就这样,周公旦前前后后,一共花了三年时间,终于彻底平定了"三监之乱"。

百姓茶馆

少年阿康

周公不仅打败了武庚、管叔和蔡叔,还顺便消灭了殷、东、徐、熊五十多个叛乱的小国家,将咱们周朝的势力扩张到了东海。从今以后,咱们周朝终于可以高枕无忧啦!

镐京某百姓

可是,那些顽民(商朝的遗民)要是再造反怎么办呢?

小兵蹦蹦

哈哈,不用担心,这个周公早就考虑到了。他在洛邑(今河南洛阳)建了一座都城,把那些顽民全都赶到城里去住,还派了很多兵马去监视他们。只要一有风吹草动,哼哼……

市场跑腿的牛大

这样一来,咱们周朝就有两个都城啦,一个是西都镐京,一个是东都洛邑,嘻嘻……

将权力还给成王

周公旦摄政的第七年,他见成王已经长大,就把国家大权还给成王,自己退居二线,住在东都洛邑,负责看管那里的"顽民"。而且,他还经常提醒成王,让他勤政爱民,做个百姓拥戴的好君主。

成王对这个叔叔感激万分,拼命地挽留他,希望他能够留在自己身边,继续辅佐自己治理天下。

周公旦拒绝了,他对成王说:"我会在东都镇守,为大王排除后顾之忧。大王千万不要贪图安逸,要多多关心百姓的疾苦,体恤百姓,重视农桑,虚心接受臣子们的建议,守好祖辈辛苦打下来的江山。"

三年后,周公旦得了重病,临死前说:"我死后一定要葬在洛邑,我是大王的臣子,不敢离开大王。"然而,周公旦死后,成王却将他和周文王姬昌葬在了一起。成王说:"我不敢以周公旦为臣。"

周公旦摄政还政,有始有终,这种无私奉献的精神,永远会被后人称颂的。

死后把我葬在洛邑,我不敢离开大王!

桐叶封弟，天子无戏言

一天，小成王和他的弟弟叔虞在宫里玩耍。成王一时兴起，捡起一片梧桐叶，剪成玉圭（guī）状，送给叔虞说："将来我会把唐地封给你，你把这个拿去作凭证吧。"

叔虞心里乐开了花，赶紧把梧桐叶收好，向周公旦汇报去了。

周公旦立刻穿上朝服，赶到宫中向成王道贺。

成王一头雾水，问："叔叔，您这是做什么？"

周公旦笑着对成王解释道："大王刚刚册封了你的弟弟叔虞，这可是件大喜事啊，我怎么能不赶来道贺呢？"

"哦，我是说着玩的！"成王哈哈大笑。

周公旦却立刻收起笑容，认真地说："天子无戏言！无论是谁，说过的话就一定要做到。你身为天子，说话更不能随随便便！只有言而有信，你才能得到百姓的爱戴。如果你总是出尔反尔，那你还有资格做天子吗？"

成王只好真的挑了一个吉日，把唐地封给了叔虞。

将来把唐地封给你！

名人有约

身份：西周"摄政王"

大：大嘴记者　**周**：周公旦

大：周公您好！大伙儿都知道，周公您礼贤下士，民间还有关于您"握发吐哺"的说法，您能为我们讲讲，具体是怎么回事吗？

周：是这样的。有一次，我正在洗头发，外面突然有人来拜访，我不想让别人久等，就握着湿漉漉的头发，去见客人了。客人走后，我继续洗头，谁知又有人来拜访，我只好又握着洗了一半的头发，去接待客人……就这样，我来来回回跑了好几趟，才把头发洗完。

大：哇，原来这就是"握发"的来历啊，那"吐哺"呢？

周：那是有一次，我正在吃饭，一口饭吃到嘴里，还没咽下去，就有人求见，于是我赶紧把饭吐出来，去见客人了。

大：哇，您居然连嚼一口饭的时间都这么在意！可是周公您看，您身份这么尊贵，已经相当于大王了，有必要这样做吗？

周（正色）：记者，我必须纠正你两个错误，第一，我不是大王，只是暂时替大王管理政事；第二，一个人就算地位再尊贵，也决不能居功自傲、目中无人。这第二点，是我离开鲁国（周公的封国），去都城辅佐大王（成王）时，特意叮嘱我大儿子伯禽的。

名人有约

大（大汗淋漓）: 周公教训得对。您走后，伯禽就成了鲁国的国君，对吧？

周： 是的。这些年，他听从我的教导，把鲁国治理得还不错。

大： 周公，大家都说您治理国家靠的是"制礼作乐"，能跟我们讲讲是怎么回事吗？

周： 你知道纣王为什么会失去天下吗？就是因为他无德。所以，我们周朝一定要有德。怎样才能有德呢？施行"礼乐"（礼节和音乐）制度就是最好的办法。

大： 呃，似懂非懂。请问，都有些什么"礼"，什么"乐"呀？

周： 比如说，天下所有的土地和人民都是天子的。天子把都城一带的土地交给卿、大夫等官员管理，把其他的地方分封给诸侯，诸侯可以把自己的封地封给族人。不管是天子，还是诸侯，都要让长子来继承自己的职位……这些都是我们周朝的"礼"。

大： 那"乐"呢？

周： 乐嘛，可以陶冶人的情操，培养人的德行。不同地位的人，听不同的音乐。比如身份高贵的，就听高贵的音乐；老百姓呢，就要多听听通俗音乐。还有，在祭祀时的"吉礼"、荒灾时的"凶礼"上，都要配相应的音乐。

大： 噢，我想我大概明白了。谢谢您，周公，再见！

广告铺

向微子学习

微子虽身为纣王的哥哥，但为政贤能，为百姓爱戴，且一向远离纣王。为表彰微子对周朝的忠心，现决定把商丘赏赐给微子，并允许他用商朝的礼乐来祭祀祖先！希望大家多多向他学习！

周公旦

第一道禁酒令

先祖文王早就告诫我们，只有祭祀的时候才能喝酒。这也是上天的旨意。每次上天惩罚我们，都与臣民饮酒过度，导致道德丧失有关。很多国家的灭亡，也都是酗酒无度所致。

商朝的遗民们，你们留在故乡，要用自己的双手，辛勤种田，奉养父母；或者牵牛赶车，去外地做生意，赚钱奉养父母。你们父母一定很高兴为你们做可口的饭菜，这时，你们可以喝酒。

官员们，你们要严格限制饮酒，这样，才能长期地为君王服务。上天会赞美你们，朝廷也不会忘记你们的。

卫侯康叔于卫国宣

告诫顽民

周朝取代商朝，是上天的意思，就像当年你们的祖先商汤取代残暴的夏桀一样。现在我把你们迁到洛邑，请你们不要怪我，这是上天的旨意。我会让你们安居，给你们田地。你们要是顺从，还有机会为周朝效力；如果不顺从，你们不但会失去一切，还会受到上天的惩罚！

周公旦

第 11 期

〖约公元前 976 年—前 782 年〗

周穆王西游与国人暴动

穿越必读　周穆王是一位富有传奇色彩的帝王。他爱好巡游，曾经西游到达昆仑山，促进了中国与西域之间的交流。而周厉王是一位极其贪婪、专制的君王，他对百姓横征暴敛，还妄图堵住百姓的嘴，最终引发了一场平民暴动，史称"国人暴动"。

烽火快报

穆王出兵征讨犬戎
——来自犬戎的加密快报

公元前965年，也就是周穆王即位后十一年，穆王决定出兵征讨犬戎国。

犬戎原本臣服于商朝。后来，犬戎在文王伐纣的战争中，被周文王打败，于是又臣服于西周。但是，犬戎是个野蛮的民族，就像狼一样不受管制，还总是窥伺着周朝的江山。

昭王在位时，西周出现了衰败的气象，犬戎趁机侵犯西周边境，气得昭王想出兵征讨，倒霉的是，后来昭王掉进河里淹死了。穆王即位后，一直牢记着犬戎这个仇敌！

这一次，周穆王终于决定出兵攻打犬戎。

不过，有大臣劝阻周穆王，说他用王师去攻打一个小小的犬戎，会让人觉得他以大欺小。

但是，穆王才不管那么多，坚决要打，最后抓走了犬戎五个部落的首领，并将犬戎赶到了更偏远的地方。

这场战争，穆王虽然打了胜仗，却也加深了西周与犬戎的矛盾。人们不能不担心，终有一天，犬戎会向西周报仇！

来自犬戎的加密快报！

周穆王西游，遇到西王母

公元前964年，周穆王坐着八匹马拉的车，带着七队精选的勇士，从镐京出发，一路向西征讨，最后到达了昆仑山。

这时，西王母出现了，她梳着蓬松的头发，穿着豹尾式的衣服，阻止了穆王西征的大军，并热情地接待了周穆王。

周穆王向她献上了珍贵的宝玉和美丽的丝帛，作为两人的见面礼。西王母也回赠了四匹白狼和四匹白鹿，还在瑶池为穆王设宴。

喝得兴起时，西王母唱起了歌："天上啊白云悠悠，道路啊无穷无尽，高山河流将我们重重阻隔，从此一别难通音信。祝你身体健康，长生不老，终有一天，我们能再次相逢！"

穆王也对唱了一首："我回东方后，一定好好治理国家。让天下太平，百姓安乐。不到三年，我还会回来看望你。"

酒宴结束后，西王母带着周穆王畅游仙境。周穆王在山顶的石头上刻下"西王母之国"五个大字作纪念。

之后，两人依依不舍地告别，可惜后来，穆王没能兑现承诺，两人再也没有相见。

百姓茶馆

管大叔

大王（穆王）在昆仑山遇到西王母的事，你们信吗，反正我是不信，我怎么就从来没有遇到过神仙？

张母

这个西王母是书里说的那个王母娘娘吗？身边有三只青鸟的那个？

樵夫阿柴

谁告诉你西王母一定是神仙了？我猜，她可能是某个国家的公主或者首领，只是被大王当成西王母了。

渔夫小蟹

没错，听说西王母和大王分别时，还唱了一首歌，大意是：我住在西方的旷野，老虎与豹子与我同群。我不能跟你一起走，因为我无法舍弃我那善良的百姓……嗯，没错，她多半就是一个部族首领。

虽无反意，却失国

编辑老师：

　　你们好！我是徐国第三十二代国君——徐偃（yǎn）王。本来，我的祖先是对抗周朝的，不过前几年，我亲自去镐京朝拜了周天子（周穆王），希望与周朝和睦相处，以免百姓遭受战争之苦。

　　本来，我只想安安稳稳地做徐王，可是，周天子经常外出巡游，诸侯有了矛盾，天子离得太远，根本处理不了。结果，大家就跑到我这里评理。

　　慢慢地，诸侯们越来越拥戴我，纷纷劝我起兵，攻打周朝。

　　周天子听说我的势力强大，担心我要造反，立刻赶回来，率领王师将我打败了。我只好隐居起来，偷偷给你们写了这封信。

　　其实，我当初真的没想造反，只是希望周天子不要总是在外面溜达，早点儿回来主持朝政。我是一片好心啊！

　　编辑老师，我现在别无所求，只希望周天子善待我国百姓，顺便麻烦你们告诉我徐国的近况，谢谢！

徐偃王

徐偃王：

　　您好！我们承认，您是一位勤政爱民的好君王，不过，听说您已称王，而且城池的面积比周天子的王城还大，这些"逾制"的行为不可能不让周穆王不满啊。

　　不过您放心吧，周天子不会虐待您的百姓，他已经封您的儿子为徐王，继续管理徐国，您就不必太过忧虑了，请保重身体。

为三个女人丢掉江山

穆王之后,共(gōng)王即位。这时,周朝有个叫密国的诸侯国,他们的国君是密康公。

有一次,周共王去泾水边游玩,随身带了一大帮臣子,其中就有密康公。

密康公是个大色鬼,一路上,他东张西望,看哪里美女多,就往哪里钻。不一会儿,有三个漂亮的女人迎面朝密康公走来,说她们是同族人,都愿意投靠密康公。

有这样的好事,密康公哪有不答应的?他立刻将头点得像鸡啄米似的。游玩结束后,密康公把这三个女人带回了家。

他的母亲知道后,却说:"她们是你陪大王游玩时得到的,所以,你必须将她们献给大王。"

密康公舍不得,就说:"不就是三个女人吗,有什么大不了的?"

母亲说:"要知道,三只野兽加在一起就是'群',三个人加在一起就是'众',更别说三个漂亮的女人了。就连天子打猎,都不敢捕捉兽群;天子选妃,也不会选三个同族的女人。更何况你这种小人物呢?"

可是,密康公还是舍不得这三个美人。结果一年后,周共王就派兵把密国灭了。

百姓的嘴能堵住吗

穆王、共王之后,王位又传了几代。第十代国王——周厉王是个荒淫无道的国王,整天盘算怎么剥削老百姓,好弄到更多的钱财供自己享乐。

周厉王身边有个小人叫荣夷公,长得贼眉鼠眼,满肚子花花肠子。一天,他给周厉王出了个主意,说:"大王,反正整个天下都是您的,不如您把这些山川、河流封起来,百姓要是不交钱,就不准他们上山砍柴、下河捉鱼……"

周厉王听了眉开眼笑,真的按照荣夷公说的去办了。

可是这样一来,老百姓就失去了生活来源。有些人实在活不下去了,只好卖儿卖女,日子过得非常凄惨,对厉王的怨恨也越来越深。

大臣召公虎听到了百姓的怨言,就跑进王宫,对厉王说:"大王,您把山川河流据为己有,是存心不让老百姓活呀。现在,全国百姓怨声载道,您再不采取措施,他们很快就会造反的!"

周厉王听了火冒三丈,大声说:"这些无知的小民,竟敢在背后议论我。传我命令,从今天起,不许百姓议论朝政,

山川、田地、河流都是我的。

天下风云

谁敢违抗，格杀勿论！"

厉王还专门派人四处查访，看谁敢议论朝政，统统抓起来杀头。那些被派出去的人，只要看到国人（城里的百姓）在街上说话，就不管三七二十一，先抓起来再说。

国人被吓怕了，出门连嘴都不敢张，路上碰到熟人，也不敢打招呼。原本繁华热闹的街道，一下子变得死气沉沉。

见国人都"闭嘴"了，厉王非常得意，对召公虎说："哈哈，你瞧，现在没人敢在背后议论我了。"

召公虎摇了摇头，说："大王，您这是在堵百姓的嘴啊。可是，百姓的嘴是堵不住的。就像洪水一样，虽然暂时被堤坝拦住了，可洪水一旦决堤，后果不堪设想！治理洪水，要疏通河道，把水导入海洋；治理百姓，就要让他们畅所欲言。"

"哦，是吗？"厉王撇撇嘴，不再搭理召公虎。没办法，召公虎只好退下去，心里绝望地想：唉，我大周朝危险了。

硕鼠硕鼠，无食我黍

这段时间，有一首名为《硕鼠》的歌谣在民间流传得很广："硕鼠硕鼠，无食我黍！三岁贯女（rǔ），莫我肯顾。逝将去女，适彼乐土。乐土乐土，爰（yuán）得我所……"

硕鼠，就是大老鼠。这首歌是什么意思呢？意思是，大老鼠啊大老鼠，你不要再偷吃我的粮食了。我养了你这么多年，你却对我的生活不管不顾。我发誓要离开你，去那幸福的土地上生活。那幸福的土地呀，才是我安家的好地方！

不用猜，这里的"硕鼠"指的一定是周厉王，还有他手下的那帮爪牙。老百姓辛辛苦苦地种庄稼养活他们，他们吃饱了，喝足了，不仅不为百姓办事，反而想尽千方百计，压榨百姓。老百姓痛恨他们，就像痛恨仓库里的大老鼠一样。

这首歌一共有三章，一章比一章的感情强烈，一章比一章悲愤，听完之后，就连石头心肠的人，也要忍不住掉眼泪。有人预言："国中将有一场重大变故发生，就在最近！"

他的预言到底能不能成真，就让我们拭目以待吧。

国人暴动，厉王逃跑

杀太子！！

公元前841年，国人对残暴专横的厉王终于忍无可忍，他们拿着棍棒，扛着锄头，像潮水一样涌进王宫，嚷着要杀掉厉王。厉王吓得魂飞魄散，他慌忙叫人准备马车，仓皇地逃出王宫，一直逃到彘（zhì）（今山西霍县东北）。太子静也逃到了召公虎家中。

国人把王宫翻了个遍，连厉王的影子都没见到，气得头顶直冒烟。他们听说太子静被召公虎藏起来了，立刻涌向召公虎的家中，逼他交出太子。

召公虎出来对他们说："所有的罪行都是大王犯下的，太子年幼，什么都不知道。你们应该去找大王算账，请放过太子吧。"

国人不听，纷纷嚷道："父债子还，现在大王逃跑了，太子就该偿命！"

召公虎说得口干舌燥，却怎么也无法平息国人的怒火，他知道再说下去也没用，只好走进内室，跟夫人商量。

夫人担忧地说："我们还是把太子交出去吧，不然，我们全家都会被牵连的。"

召公虎气愤地说："太子走投无路，才向我求救的，我身为周朝的臣子，要是把他交出去，就是不忠不义！那我还有什么颜面活在世上呢？"

我假装是太子!

"那该怎么办呢?"夫人急得团团转,召公虎一时也想不出什么好办法。

这时,召公虎的儿子上气不接下气地跑进来,说:"父亲,不好啦,外面的人要冲进来啦!"

召公虎看了看儿子,见他年龄、个子都跟太子差不多,想:如果将我的儿子代替太子交出去,说不定能骗过国人。

想到这里,召公虎立刻让儿子和太子交换了衣服、帽子,然后领着儿子来到国人面前,说:"太子就在这里,但我希望你们不要冲动,不要伤害他……"

可是,愤怒的国人哪里听得进他的话,冲过来你一拳,我一脚,硬是将"太子"活活打死了。

国人散后,召公虎抚摸着儿子血肉模糊的尸体,心中悲痛欲绝。但他又想起现在国中无主,于是强忍着悲伤,和大臣商量接下来该怎么办。

由于太子年幼,大臣们最后决定,暂时由召公虎和周公一起执政(史称"共和行政")。

十四年后,周厉王死在了彘,太子静这才正式登基(史称周宣王)。宣王吸取厉王的教训,励精图治,任用贤能,西周又出现短暂的兴盛,史称"宣王中兴"。

我假装不是太子!

天下风云

周宣王多管闲事

我们知道，周公旦的儿子伯禽是第一任鲁王，伯禽之后，王位在他的子孙中一代代传了下去，到周宣王时期，王位传到了鲁武公姬敖手中。

有一次，鲁武公带着大儿子姬括，和小儿子姬戏朝拜周宣王。姬括因为是长子，在宣王面前说话、做事都是小心翼翼的；姬戏年纪小，天真无邪，说了很多有趣的话，逗得宣王哈哈大笑。

周宣王认为小姬戏很可爱，就想让他做鲁国的太子。大臣们知道后，都大吃大惊，要知道，按照周朝的礼法，只有长子才有资格被立为太子啊。再说了，鲁国立谁为太子，关他大王什么事？这个周宣王，怎么就爱多管闲事呢？

大臣樊仲山劝周宣王说："大王，如果鲁公立小儿子为太子，那他就违背了礼法，诸侯们知道后，以后就不会听从大王的命令了。可鲁公要是不立小儿子为太子，您就要惩罚他。可是，鲁公并没有违反礼法呀，您惩罚他是错误的，不惩罚他呢，也是错误的，因为他违抗了大王的命令。请大王好好考虑一下吧。"

谁知这个宣王非常固执，一定要立姬戏为太子。鲁武公接到命令后，左右为难：姬括已经做了好多年的太子，如果现在把他废了，大臣一定不满，到时候，鲁国恐怕要发生一场内战；可要是继续让姬括做太子，大王又不满，说不定会带兵来讨伐……

就在这时候，传来了姬括自杀的消息。原来，他觉得太子的位置被弟弟抢走了，没脸见人，就自尽了。没多久，鲁武公也在郁闷中病死了，姬戏顺利地当上了鲁王（史称鲁懿公）。

几年后，姬括的儿子伯御长大了。他知道自己的父亲是怎么死的后，非常气愤，决定为父亲报仇。于是，他到处搜罗人才，并精心策划了一场"谋杀案"，把鲁懿公杀死了，自己当上了鲁王。

周宣王知道后气坏了，亲自率兵来讨伐鲁国。最后，鲁国被周军打败，伯御也被杀掉了。于是，周宣王又立鲁懿公的弟弟姬称为鲁王。

可这么一来，诸侯们就有了别的心思，他们想：既然大王自己带头破坏了礼法，那我们干吗还要遵从礼法呢？

大王也很可爱！

昭王南征，有去无回

楚人被我们吓跑了！

有件事，周朝的百姓一直记忆犹新。

当年，楚国不过是周朝的一诸侯国，但野心却很大，吞并了周围不少小国，甚至敢跟周王朝叫板。昭王很生气，决定亲自领兵南征，给这些楚人一些颜色瞧瞧！

可是，当昭王的兵马一路开到汉水时，却连楚人的影子都没见到。

昭王得意极了，对将士们说："哈哈，你们瞧，我们还没来，就把楚人吓跑了。不过，别以为这样，我就会放过他们。来，我们这就渡河过去，打得他们落花流水！"

可是，周军在岸边找了半天，连一条小船都没有找到。原来，楚人过河的时候，把所有的船都划到对岸去了。想过河，只能自己造船。可是，周军中没有会造船的人，怎么办呢？

于是，昭王抓来一些当地的木匠，叫他们和士兵一起去山上伐木、造船。昭王没想到的是，这些工匠中，有很多人是楚人故意留下来的。他们

早料到了周军会造船过河，所以想了一个打败周军计策……

没多久，船就造好了。一条又一条大船陆陆续续地下河，其中最大、最宽敞的那一条，是昭王的。昭王一声令下，船队浩浩荡荡地开往对岸。

然而，就在昭王正美滋滋地想着，要怎么打败楚军的时候，只听船上发出一阵"咯吱咯吱"的声音，接着，传来人们惊恐的叫声："不好啦，船要散架啦！"

原来，那些工匠们在造船的时候，竟然是拿树胶将船粘起来的。树胶在水里面一泡，就没了黏性，船自然也就散架了。

昭王还没反应过来，就和船一起翻进了水中。可怜的昭王，从小在深宫里长大，哪里学过游泳？他咕噜咕噜喝了几口水，就沉得没影了。等大家好不容易把他打捞起来时，昭王早就断气了。

养马也能得官

在这个时代,马匹对一个国家来说,是非常重要的。你想想,如果没有马,天子要出门,用什么来拉车呢?国家之间要打仗,用什么来驮兵器、粮食呢?所以,能把马匹养得肥肥壮壮,也算是一门很了不得的本事。

嬴(yíng)大骆有个儿子叫非子,非子是养马的好手。周孝王(穆王的儿子)知道后,专门把非子找来,给周王室养马。没几年,非子就养出了一大群膘肥体壮的马,把周孝王乐得合不拢嘴。周孝王想将非子一直留下来养马,又怕哪天大骆把非子要回去,就决定"贿赂贿赂"大骆。

他想来想去,最后决定,把申侯的女儿嫁给大骆。这对大骆来说,可是件天上掉馅饼的好事。想想看,自从西周以来,他大骆的祖上从来没有做大官的,最多出了个造父,为穆王驾车。而现在,大骆竟然"高攀"上了申侯。

可这对申侯来说,却是件倒霉事儿。但孝王已经开了口,申侯总不能

八卦驿站

违抗天子的命令吧,于是,只好把女儿嫁了过去。

没几年,大骆就和申侯的女儿生了个儿子,名叫成。大骆乐坏了,赶紧去向申侯报喜。可申侯听了,却非常忧虑,他想:这有什么好高兴的,我的外孙出生在你们家,不过就是个平民百姓。

养马还能得老婆。

想到这里,申侯立刻跑到镐京,去见周孝王,请求他给大骆一个官职。周孝王想了想,说:"大骆的祖先伯翳(yì),早在舜帝时期就主管畜牧业,驯养了很多牛羊,所以,舜帝赐了他"嬴"姓,还给他分封了土地。现在,大骆的儿子又为我养马,立下了很大的功劳。我应该给他一些封地。"

于是,周孝王把秦地封给了大骆。后来,大骆的子子孙孙,都在这片土地上生活。

(哈哈,你是不是已经猜到大骆是谁了呢?没错,他就是秦王嬴政的祖先。几百年后,嬴政灭掉六国,统一天下,建立了中国历史上第一个封建王朝!)

名人有约

身份：周宣王

大：大嘴记者　**姬**：姬静

大：大王，您好！自从您即位后，咱们周朝总算看到了一点儿希望。

姬：哈哈，这是应该的。

大：听说您对部下要求十分严格，就连外出打猎，队伍的纪律也非常严明？

姬：那是当然。打猎之前，我下了几条死命令：一不许踩坏百姓的庄稼，二不许毁坏路边的树木，三不许打扰当地的居民。打到的猎物，一律交上来，我会按照猎物的多少，给他们赏赐。如果谁敢私藏猎物，严惩不贷！

大：这些年，您不仅内政管理得不错，还讨伐了不少外敌吧？

姬：没错，像戎、狄，还有淮夷，一个个狼子野心，趁我们周朝衰落，就来骚扰我们的边境。对于这些无耻的侵略者，我从来都不会手下留情！

大：那咱们周朝是打赢了，还是打输了？

姬：废话！咱们周朝有打不赢的仗吗？

大（跷起大拇指）：果然是帝王气魄！不过大王，那都是过去的辉煌了，您有没有觉得，您现在有点儿变了？

姬：嗯？哪里变了？

大：变得越来专制了。就拿您干涉鲁国国君那件事来说……

姬：哼，鲁国带头违抗天子的命令，就是挑战天子的权威，不给他们一点儿颜色瞧瞧，以后那些诸侯我还怎么管？

大：好吧，那就拿杜伯那件事来说……

姬：杜伯怎么了？他胆大包天，为一点儿小事触犯天子的尊严，我杀掉他有什么不妥？

大：可他罪不至死啊！听说，当时杜伯的老朋友左儒向您求情了。

姬：像左儒这种人，眼里只有朋友，没有国君，实在是可恶！我训斥了他，他还振振有词，说什么国君有理，他就站在国君这边；朋友有理，他就站在朋友那边。还说如果我杀了杜伯，就是枉杀好人！

大：我觉得左儒说的没错呀！您是怎么回答他的？

姬：哼哼，我说，我就是要杀杜伯，他能怎么样？

大：……

姬：左儒就说，如果我一定要杀杜伯，就把他也一起杀了。

大：……

姬：我说，我就不杀他，看他怎么办！然后，我就当场把杜伯杀了！

大：……

姬：这个左儒也真是可恶，我不准他死，他竟然还是自杀了！这完全是藐（miǎo）视天子的威严！！！

大：……那个，大王，我还有事，先走了。

广告铺

宣王不再"籍千亩"

请各相关人员注意，从今天起，本大王不再举行"籍千亩"的仪式啦，请大家不要再来打扰我，否则，别怪我翻脸无情哦。

周宣王

（为了表示对农业的重视，每年春耕的时候，国君都要主持一场开犁仪式，亲自耕种，这就是"籍千亩"。）

倡议书

这些年，私田的产量越来越高，公田却渐渐荒芜了。看，大王（周宣王）都宣布不"籍千亩"了，不是等于间接承认土地归个人所有吗？所以，大伙儿不要犹豫了，一起加油，为自己争取更多的私田吧！

某农民

希望大家好好反省

前些年，周朝在本大王英明的指挥下，屡战屡胜。可是前不久，我们竟然在千亩之战中，败给了小小的姜氏之戎（戎狄的一支），实在是前所未有的耻辱！

由此可见周朝的国力已经大大退步了，希望各位诸侯、大臣、士兵、百姓（除了宣王自己）都好好反省一下！！！

周宣王

第⑫期

〖约公元前782年—前771年〗

烽火戏诸侯

周幽王即位时，西周已经衰落，再加上地震、干旱等自然灾害，百姓饥寒交迫，社会动荡不安。周幽王却不思进取，他贪图美色，听信谗言，为了博美人一笑不惜"烽火戏诸侯"，最终引火烧身，被犬戎攻破都城镐京，死于骊（lí）山。至此，西周彻底灭亡。

穿越必读

老天爷要抛弃周王朝了吗

——来自镐京的加密快报

来自镐京的加密快报！

公元前782年,周幽王即位,这时,西周王朝已经衰落,社会动荡不安。

周幽王即位的第二年,泾水、渭水、洛水三川都发生了大地震。

本来,国家遭受自然灾害,身为君主的周幽王应该多多关心民生,稳定社会秩序,可是,周幽王是个昏庸无道的君主,他根本没把这件事放在心上,不仅如此,还通宵达旦地饮酒作乐。

面对这种情况,太史伯阳父慨叹道:"唉,周朝快要灭亡了!天地间原本存在阴阳二气,不能错了它们的次序,否则,就会天下大乱。三川发生大地震,就是阳气被阴气镇压的结果。阳气被阴气镇压,河流就会被堵塞。河流被堵塞,国家就会灭亡。周朝的寿命恐怕不会超过十年了,老天要抛弃我们周朝了。"

美人褒姒,为什么从来不笑

周幽王最大的爱好,就是派人到处搜罗美女,可是,派出去的人苦苦找了一年多,都没有找到令周幽王满意的美女。有个叫褒珦(bāo xiàng)的大臣劝他不要再找了,还是关心关心老百姓的生活吧。谁知周幽王不但不听,还把褒珦骂了个狗血淋头,并关进了监狱。

褒珦被囚禁后,家人为了把他救出来,想尽了一切办法。最后,褒珦家人在乡下买了一个美女献给周幽王,这才救出了褒珦。

这个美女叫褒姒(sì)。周幽王得到褒姒后,高兴得差点儿摔个大跟头,连连赞叹:"美啊,美啊,果然是美人!"周幽王被褒姒迷得晕头转向,从此连朝政都不理了。

褒姒虽然长得美,可却冷若冰霜。自从进宫以后,褒姒从来没有笑过,是个名副其实的"冰美人"。想想看,褒姒不笑就能够将周幽王迷得神魂颠倒,那么,她要是笑了呢?

可是,周幽王用尽一切办法,都没能让褒姒开怀一笑。周幽王非常郁闷,就问褒姒:"爱妃,你怎么不笑呢?"

褒姒只是回答:"我从来都不笑。"

这个答案让周幽王有些崩溃,不过,他是不会轻易放弃的。于是他下令:"谁要是能让娘娘开怀一笑,就赏他一千两金子!"

这笔巨额赏金,最后会被谁拿走呢?就让我们拭目以待吧。

> 我从来都不笑的!

百姓茶馆

刘阿婆

你们知道褒姒的身世吗？据说，那还是夏朝时期，有两条龙自称是褒神，飞到王宫的院子里，留下一摊唾沫后飞走了。这摊唾沫被夏王恭恭敬敬地收起来，装进匣子里，一代代传了下去，一直传到咱们周朝……

李三姑

我来说我来说！匣子传到当今大王（幽王）手里后，他忍不住好奇，非要打开，结果唾沫流得到处都是。大王吓坏了，就使用巫术，把唾沫变成一只大鳖，大鳖爬到一个七岁小姑娘脚边……

赵六婆

后来，这个小姑娘就生下了一个女孩，她害怕被人发现，把女孩丢在路边。女孩被一对老夫妻收养了，她就是褒姒……

周幽王烽火戏诸侯

周幽王的悬赏令下达后没多久，就有个叫虢（guó）石父的人跑过来，给他出了个馊主意：烽火戏诸侯！

原来，为了防止犬戎进攻，周朝在骊山一带建了二十多座烽火台。万一敌人来进攻，第一座烽火台的士兵就会点燃烽火，第二座烽火台的人看到后，也立刻点燃烽火。就这样，烽火一直传下去，附近的诸侯看到了，就派兵来救援。

虢石父谄（chǎn）媚地说："大王，天下太平了这么久，烽火台也好久没用了。不如今天晚上，咱们把烽火点起来，叫那些诸侯们上个大当。娘娘看了肯定高兴。"

此刻，周幽王心里只有褒姒，早已把江山社稷（jì）丢到脑后了，立刻高兴地说："好！就这么办！"于是，他不顾大臣郑伯友（即郑桓公）的劝阻，带着褒姒直奔骊山烽火台。

周幽王命人点燃烽火，顿时狼烟四起，烽火冲天。四方的诸侯看到了，以为镐京有情况，立刻召集军队，十万火急地赶到骊山脚下，一看，周幽王和褒姒正在那饮酒作乐呢。

诸侯们一头雾水，问："敌兵在哪里？"

周幽王派人告诉他们说："大家辛苦了，请回去吧。没有敌兵，是大王和娘娘点着烽火玩儿呢。"各路诸侯你看看我，我看看你，一句话也说不出来。他们知道自己被大王戏弄了，心中都很气愤："该死！以后见到烽火再也不来了！"

看到诸侯们来也匆匆，去也匆匆，褒姒终于忍不住，拍手一笑。这一笑，虽然倾国倾城，可是也埋下了亡国的祸根。

一句话惹来大麻烦

编辑老师：

你们好！我是当今的王后（周幽王的妻子申后）。褒姒刚刚进宫的时候，对我还算有些敬畏。可是，随着大王对她越来越宠爱，尤其是她生下儿子伯服后，她就越来越不把我放在眼里了。

听说，她经常在大王面前说我坏话，还怂恿大王将我和太子废掉。其实，大王也不怎么喜欢我。不过，大王还算明智，没有轻易听她的话。

可是昨天，伯服不知被谁打得鼻青脸肿地回来，大王问他被谁打的，伯服说是哥哥（太子）打的，还说哥哥恐吓他，等当上大王后，一定要叫他们母子好看！

于是，褒姒就跑到大王面前哭哭啼啼，要大王给他们母子主持公道。

现在我心乱如麻，真不知道怎么办好，编辑们能给我一个建议吗？

申后

尊敬的王后：

您好！

我猜，您和太子可能要大祸临头了。我们刚刚接到消息，大王已经召来虢石父等人，在召开秘密会议了。我想他们一定在商量废立王后和太子的事。如果大王真的要废掉您和太子，那么，我们建议你们赶紧逃走，逃到您的父亲申侯那里去，相信他会替你们主持公道的。

最后，祝你们幸运！

报社编辑

申侯引狼入室，犬戎攻破镐京

周幽王对褒姒宠爱到了极点，为了褒姒什么都愿意做。公元前772年，周幽王竟然废掉了申后和太子，立褒姒为王后，立她的儿子伯服为太子。这引起了众人的极度不满。朝中很多大臣纷纷辞职，离开镐京，只有郑伯友留了下来。

原王后的父亲是申国的诸侯，他听说女儿和外孙被幽王废了，十分郁闷，就跑过来对周幽王说："大王，您废长立幼，废嫡（dí）立庶，是不对的。您这样做，要赶上桀和商纣了，再不收敛，就要亡国了。"

周幽王一听，顿时勃然大怒，决定削去申侯的爵位，并命令手下去征讨申国。

申侯提前得到消息，心中大惊，问身边的人："申国国小兵少，根本不能抵挡王师，怎么办？"

有人就建议申

大王再不收敛就要亡国了！

天下风云

怎么没有一个人来。

侯向犬戎借兵。犬戎王早就惦记中原的财富了，一听申侯要借兵，正求之不得呢，于是立刻发兵一万五千人，亲率大军，浩浩荡荡向镐京杀来。

幽王知道后大吃一惊，急忙派人去骊山点燃烽火，可是这次，四方诸侯一个也没来。

最终，犬戎攻破了镐京，见人就杀，见东西就抢，见房子就烧，镐京城内一片狼藉。申侯这才追悔莫及，他原本只想逼周幽王将太子的位置还给自己的外孙，没想到引狼入室，把野蛮凶残的犬戎给招了进来！

没多久，犬戎就杀了周幽王、虢石父和褒姒的儿子伯服，抢走了褒姒。

这时，四方诸侯才知道犬戎进攻的事是真的，赶紧领着兵马前来救援。犬戎害怕诸侯的大军，于是把镐京的财宝一抢而空后，又放了一把火，这才退兵。

经过犬戎这么一折腾，西周也就灭亡了。

以为大王又戏弄大家呢！

生意人为什么要叫"商人"

为什么我们把生意人叫做"商人"呢,难道这与商朝有什么关系吗?对啦,最早的商人,就是商朝的遗民。

自古以来,商族人就喜欢做生意。最开始,他们直接拿东西相互交换,比如,今天,我用一头牛换你三头羊;明天,我再用一斤稻谷换你两斤黍子。后来,海贝、玉贝这些货币出现后,他们就拿钱币来买东西。

周族人就不同了,他们喜欢自己耕种,自给自足,而且,他们还很瞧不起那些商人,认为他们一个个"不务正业",只知道"投机取巧"。

后来,商朝灭亡,周朝建立,那些会做生意的商族人,全都被分到郑国。郑桓公让人教他们开荒种地,再也不许他们做生意了。可是,那些商族人一点儿也不喜欢种地,想:种地多累呀,哪有做生意好?于是对郑桓公很不满。

郑桓公一看,不行,这样下去,他们迟早得造反,于是只好让步,允许他们在农闲时做一些生意,来维持生计。

慢慢地,人们就把那些生意人称作"商人"了。

我是商族人,我爱做生意。

我是周族人,我爱耕种。

名人有约

身份：郑桓公（西周的司徒）

大：大嘴记者　郑：郑伯友

大：郑公，您好！您文武双全，工作尽职尽责，还是大王（幽王）的叔叔，他有没有给您什么特别的奖赏呢？

郑：……他让我辞职。

大：呃，果然很特别。大王废掉王后与太子后，很多大臣都辞职回家了，您为什么不跟风离职呢？

郑：想过，但不敢做。

大：为什么？

郑（叹气）：我和其他大臣不同，我有自己的封地郑国。最无奈的是，我们郑国离镐京太近，我如果有什么想法，大王肯定会拿郑国开刀。

大：可是，您也可以想办法将郑国迁到别的地方去呀。

郑（点头）：嗯，英雄所见略同，我已经迁完了。

大：什么时候的事？

郑：就在王后和太子被废后不久。为此，我还特别请教过太史伯阳父，他

劝我东迁，迁到洛阳的东边，黄河与济河的南边。那里离虢国与郐（kuài）国近，而这两个国家的国君又贪财好利，老百姓不愿意归附他们。只要我去了，用不了多久，那里的百姓就会归附我。而且，我迁过去后，以后就算有敌兵攻打镐京，我也不用担心郑国受到波及了。

大：高明！现在，您可以安心地去大王那里辞职了。

郑（摇头）：还是不行。

大：这又为什么？

郑：大王不听我的劝告，执意"烽火戏诸侯"，已经众叛亲离了。我作为大王的叔叔，没有辅佐好他，是我的失职，怎么能在这个时候离开呢？

大：您真是一个大忠臣！不过，您最好还是仔细考虑一下，大王是需要您，可郑国也很需要您。鱼与熊掌不能兼得，您会怎样选择呢？

郑：我早已经做好了选择。

大：啊？还是留在幽王身边吗？

郑伯友笑而不语。

大：好吧，那我也不多说什么了，祝您好运，再见！

（郑桓公东迁后，为后来郑国的400多年基业打下了基础。而郑桓公自己，则在犬戎打进镐京后，死在了犬戎的刀剑之下。）

广 告 铺

某大臣的请求书

　　昨天本来应该是月圆之夜，可到了半夜，月亮好像被什么吞掉了一块，变得越来越小，好大一会儿才渐渐复原。月亮发生异常，这是亡国的预兆啊！！！请大王（幽王）立即停止享乐，赶紧想想办法治理国家吧。

某大臣

来自虢、郐两国的公告

　　前不久，司徒大人（郑伯友）向我们虢、郐两国借地，并送上丰厚的礼品。本着各国共同发展的原则，我们虢、郐两国的国君决定，每人向司徒大人献上五座城池，特此公告！

虢、郐两国国君

求医公告

　　说起来有些惭愧，前几天，小儿被街上的两条白狗吓得精神失常（小儿曾经见过犬戎屠杀百姓的场面，而犬戎的图腾就是白狗），不知哪位大夫能治好小儿的病，老妇不胜感激。

姜氏

智者第 4 关

1. "三监"是指哪三个人?
2. 谁平定了"三监之乱"?
3. 周公旦摄政多少年?
4. 周成王封地给叔虞的故事叫什么?
5. 成周是哪里?
6. 西周在位时间最长的君主是谁?
7. 穆王十二年时,是谁发起叛乱?
8. 穆王不顾大臣反对,执意要征讨什么地方?
9. 西周时期,哪个君王不准百姓议论朝政?
10. 共和行政一共维持了多少年?
11. 西周最后一位君主是谁?
12. 西周是哪年灭亡的?
13. 周幽王为了博谁一笑而"烽火戏诸侯"?
14. 谁勾结犬戎攻打西周?
15. 幽王时期,三川地震,"三川"是指哪三条河?
16. 西周之后是什么时期?

智者为王答案

第❶关答案

1. 涿鹿之战。

2. 因为我们是炎帝、黄帝的后代。

3. 部落首领将首领之位让给有贤能的人。

4. 娥皇、女英。

5. 导水入海。

6. 嫘祖。

7. 字。

8. 夏朝。

9. 有穷部落。

10. 不是,那只是神话。

11. 益(伯益)。

12. 寒浞。

13. 寒国。

14. 少康。

15. 能,少康手下的女艾就是一名女将。

第❷关答案

1. 妺喜。

2. 桀。

3. 关龙逄。

4. "劓刑"是指割掉犯人的鼻子;"刖刑"是指砍掉犯人的双脚。

5. 帝喾。

6. 伊尹。

7. 做饭的厨子。

8. 赵梁。

9. 因为他很仁慈,不想鸟兽被人捉光。

10. 亳。

11. 《汤誓》。

12. 鸣条之战。

13. 太甲。

14. 是的,他后来成了一个明君。

15. 因为盘庚即位时,商朝已经衰落了,内部斗争非常激烈,他想改变这种状况。

16. 古人在占卜或记录事件时,刻在龟壳或野兽骨头上的文字。

17. 轮流休耕。

18. 是的。

智者为王答案

第 3 关答案

1. 妇好。
2. 武丁。
3. 傅说。
4. 武丁中兴。
5. 朝歌。
6. 琼室。
7. 炮烙。
8. 比干、箕子和微子。
9. 妲己。
10. 《周易》。
11. 愿者上钩。
12. 公元前1046年。
13. 镐京。
14. 伯夷和叔齐。
15. 将他封为殷侯,让他继续管理朝歌一带。

第 4 关答案

1. 周武王派去监视武庚的三个弟弟:管叔、蔡叔和霍叔。
2. 周公旦。
3. 七年。
4. 桐叶封弟。
5. 洛邑。
6. 周穆王。
7. 徐偃王。
8. 犬戎。
9. 周厉王。
10. 十四年。
11. 周幽王。
12. 公元前771年。
13. 褒姒。
14. 申侯。
15. 泾水、渭水、洛水。
16. 东周。

给力的答案!